# 小児科医ドクター・ストウ伝

日系二世・原水爆・がん治療

長澤克治
NAGASAWA Katsuji
共同通信社記者

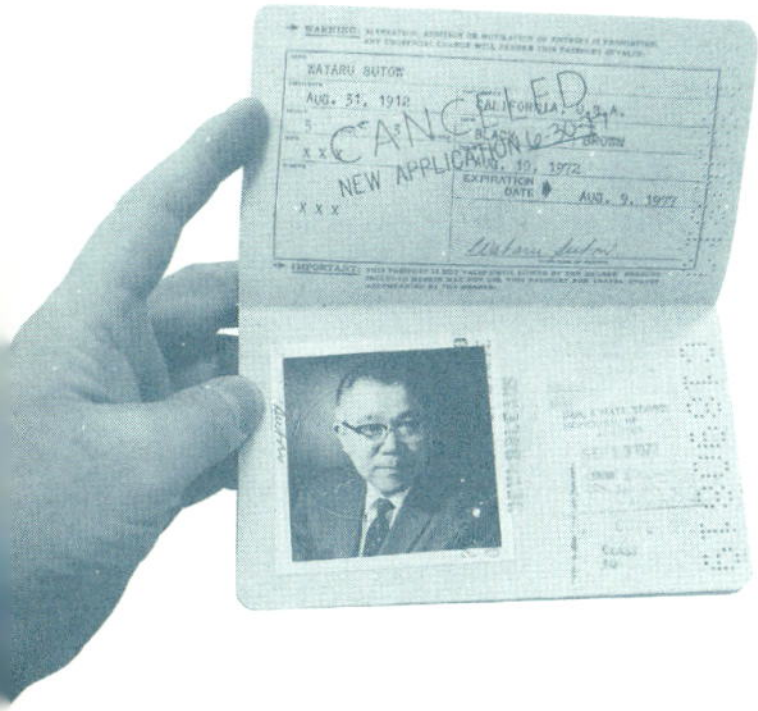


平凡社

# 小児科医ドクター・ストウ伝

日系二世・原水爆・がん治療

◆ 目次

## ■本書に登場する 主な地名

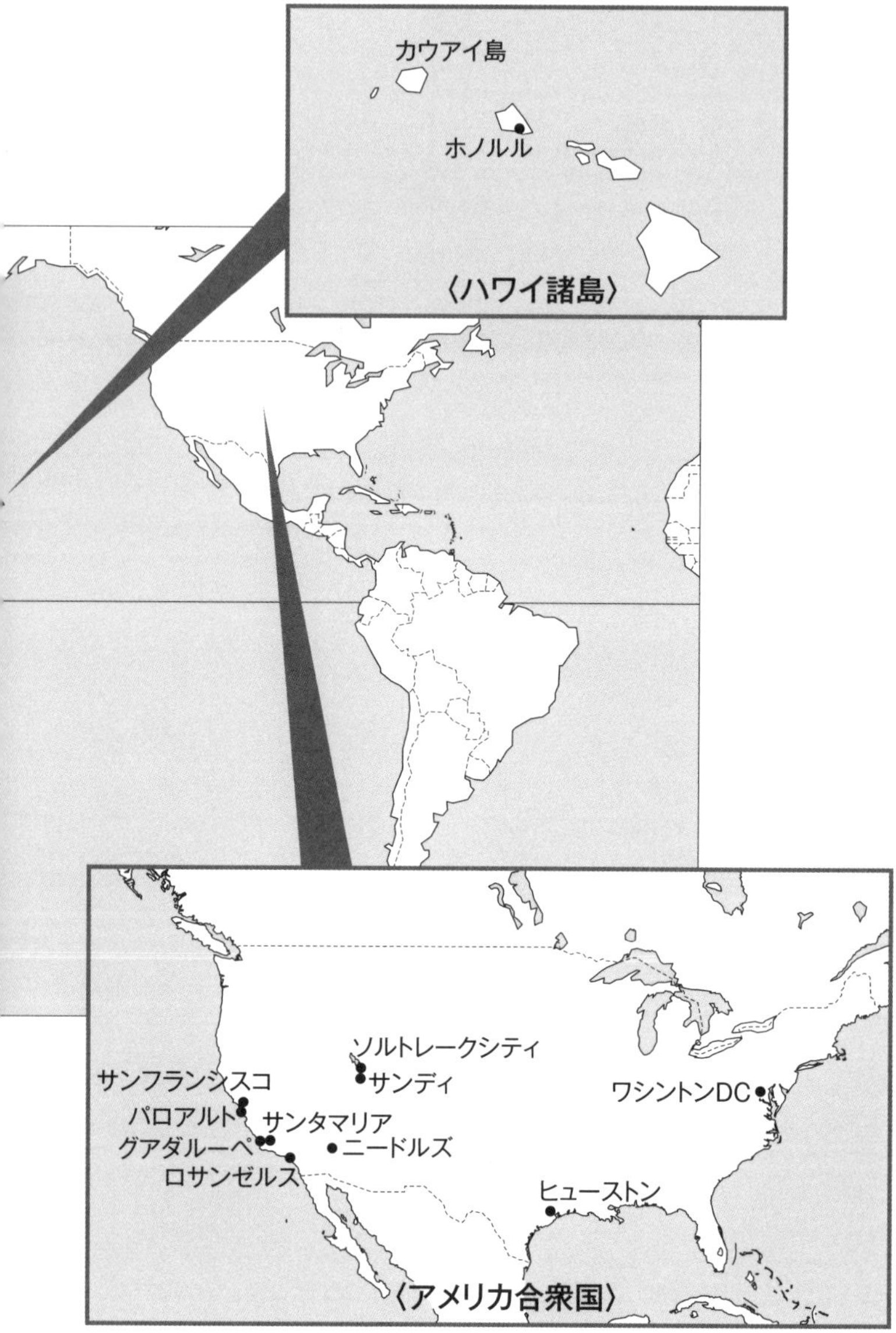

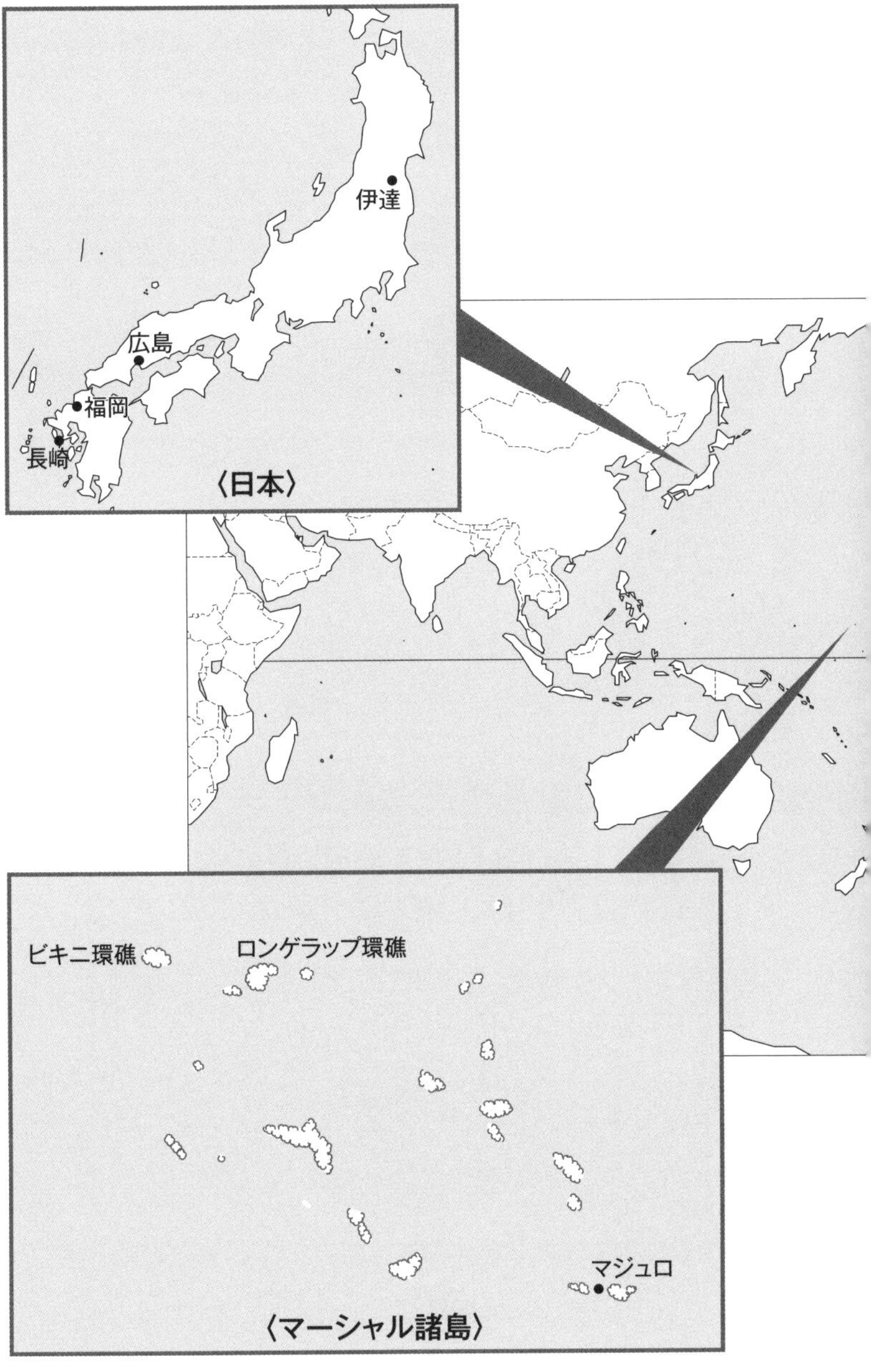
伊達
広島
福岡
長崎
〈日本〉
ビキニ環礁
ロンゲラップ環礁
マジュロ
〈マーシャル諸島〉

＊写真説明

【カバー】ロングラップで子どもを診察するストウ医師（撮影日不明＝提供：ジェームズ・ヤマザキ氏）

【表　紙】表＝一九四一～四二年秋学期のスタンフォード大医学部学生証（テキサス医療センター図書館マクガバン歴史センター所蔵）

裏＝米カリフォルニア州グアダルーペの共同墓地に建つストウ一家の墓碑

【大　扉】一九七二年八月発行の旅券。ストウ医師にとって最後となった翌月のマーシャル諸島医学調査の際に使われた（テキサス医療センター図書館マクガバン歴史センター所蔵）

＊文中敬称略としました。

# 序章　ドクター・ストウを知っていますか

## 被爆地と日系米国人の痛み

比治山《ひじやま》は、広島の爆心地から東へ約二キロの地点にある標高七十メートルの小高い丘だ。原爆の惨禍から復興した広島市街を見下ろし、南に瀬戸内海や「安芸小富士」と呼ばれる似島を間近に見て、遠く宮島も望める。春には花見客で賑わう桜の名所でもある。山頂南側には放射線影響研究所のカマボコ型の建物が広がる。その隣に陸軍墓地があり、小さな墓石が窮屈に並んでいる。

二〇〇四年六月五日。梅雨の合間の青空が広がる比治山の展望台に、初老の米国人女性が夫とともに立った。女性の名はエレン・ウィリアムズ。日米開戦翌年の一九四二年十月にユタ州で生まれ、このとき六十一歳。米カリフォルニア州サンフランシスコ近郊に暮らす日系三世である。くりくりっとした目は小児科医だった父親譲りだ。

ここはエレンの父ゆかりの場所でもある。父は半世紀前、放射線影響研究所の前身である米国の調査機関「原爆傷害調査委員会（ＡＢＣＣ）」小児科に勤めていたからだ。

広島の街並みを眺めるエレンの心中は複雑だった。占領下の日本にやって来て、差別と疎外にさいなまれた記憶が幼心に刻まれていた。

「日本人からは米国人と呼ばれ、つばを飛ばされた。連合国のオーストラリア兵からは日本人として差別され、学校に通えなかった」──その体験が心の傷として残り、広島を再び訪ねるまでには半世紀という長い時間が必要だったのである。

泥沼化した中国大陸の戦線から撤兵できず、真珠湾を奇襲して米国との戦端を開いた日本。二発の原爆を人間の頭上に投下した米国。日系米国人は二つの国家の間で揺れ動き、国家への忠誠を試された。エレンが被爆地で受けた差別と疎外は、日系米国人が置かれた厳しい立場を物語る。

本書の主人公はエレンの父、小児科医ワタル・ウォルター・ストウ（Wataru Walter Sutow　一九一二〜八一年）である。小柄で物静か、そして機知に富んだ人だった。

その名を知る人は日本では数少ない。原爆に被爆した子どもたちを対象にしたＡＢＣＣ調査報告書にその名を見つけられる程度だ。一九四九年から五二年にかけて広島のＡＢＣＣ小児科で共に働いた福岡市の小児科医、金光正剛はストウより八歳若い。二〇一五年五月、九十四歳の金光から手紙が届いた。その中で金光はストウの人柄をこう述べた。

「ドクター・ストウと小生は二人で机を並べ、延べ三年余りの間、同室で勤務しました。二人の性格が実に似たもの同士で、しかも（ストウは）寡黙な方でしたので無言が長く続くことが多いのですが、雰囲気は明朗そのものでした。今日でも当時を楽しく思い出しております」

日本ではほとんど無名のストウだが、米国の医学界では「小児がん治療のパイオニア」として知られている。米テキサス州ヒューストンのテキサス大MDアンダーソン病院（現MDアンダーソンがんセンター）を舞台に、骨肉腫など「不治」とされた小児がんを化学療法で治す方法を開発した。日本からヒューストンにやって来た若い医師を妻メアリーと共に世話し、小児がん治療の臨床を学ばせた。

ストウの下で学んで日本へ帰り、小児がんを治す夢をかなえた医師がいる。聖路加国際病院の小児科医、細谷亮太はその一人だ。「ドクター・ストウは日本の小児がん治療の歴史を振り返るときに忘れてはならない人です」と敬意を込めて話す。

ストウは一九一二年に米カリフォルニア州中部の農村グアダルーペで、日本人移民の父ヤサク（須藤彌作）と母ヨシ（須藤ヨシ）の長男として生まれた。両親の故郷は福島県伊達郡大田村（現伊達市）である。大田村は阿武隈川支流沿いに位置し、養蚕が盛んな農村だったが、明治後半期には水害、冷害が相次ぎ、村の暮らしは疲弊しきっていた。彌作は生活の糧を海外に求め、ハワイに渡航し、やがて米国本土にたどり着いたのだ。

ストウは高校を卒業後、農場で働いて学資を稼ぎ、スタンフォード大に進む。そのころ、日本人移民排斥や中国での戦火を背景に、日米関係が急速に悪化していた。太平洋戦争が勃発すると、一家は内陸への移住を強いられ、退去期限直前にカリフォルニア州からユタ州へ向かう。ストウはスタンフォード大メディカルスクール（医学部）を退学し、ユタ大へ移り、医師となったときには既に三十三歳だった。

## 原水爆調査と小児がん治療

広島、長崎、そしてマーシャル諸島……。医師となったストウは、核兵器によって計り知れない損害を被った土地を訪れ、子どもたちを診察している。

ドクター・ストウとはいったい何者だろうか。そんな疑問を胸にしまい、ビキニ事件から半世紀の節目を間近に迎えた二〇〇三年十二月、私はヒューストンにあるテキサス医療センター（Texas Medical Center）図書館の分館を訪ねた。目当てはストウが残したマーシャル諸島医学調査の記録である。ここには、かつてＡＢＣＣで働いた医師や学者らのメモ、論文、手紙などが保管され、公開されている。「ＡＢＣＣアーカイブズ」と呼ばれる文書群である。

「成長と発達」と題した調査票があった。名前の欄には「Namiko」（ナミコ）と手書きされ、性別、被曝時の年齢、体重、身長が記されている。ナミコは、マーシャル諸島ロンゲラップ環礁の元住民で、一九五四年三月の水爆実験当時十四歳だった。与えられた番号は「70」。日本統治時代の名残なのか、ナミコという名前が妙に生々しく迫ってくる。調査対象の一人ひとりに番号を振る手法に、核の被害者を調査する側の冷酷さを感じた。その後、私はマーシャル諸島を訪ね、この調査票の対象になったロンゲラップ環礁の子どもたちの一人、ナミコ・アンジャインさんと会うことになる。

ドクター・ストウには二つの顔がある。

一つは「核の研究者」である。広島、長崎、マーシャル諸島の子どもたちを対象に、原水爆の放射線がもたらす深刻な健康被害を冷徹に観察し、米原子力委員会にその結果を報告した。

医師になって三年後の四八年、日本へ渡り、広島のABCC小児科に勤務した。一年余りの中断を挟んで五四年五月に帰国するまで、原爆が子どもたちの成長と発達にもたらした影響を調べた。その手法とは、調査対象者を被爆した子どもたちと「コントロール」（比較対照群）と呼ばれる被爆していない子どもたちに分け、定期的に診察し、身体検査、手などのエックス線撮影をするものだった。

一九五四年三月一日にマーシャル諸島ビキニ環礁で米国が行った水爆実験は、風下のロンゲラップ環礁や近海で操業中のマグロ延縄漁船第五福竜丸の上に、雪のような「死の灰」、放射性降下物を降らせた。その後も米国はマーシャル諸島で大気圏内核実験を繰り返す。遠く離れたクエゼリン環礁など別の島々に避難したロンゲラップの住民は五七年に帰島するが、故郷の島は「死の灰」で汚染され、人々は残留放射線にさらされた。

ストウは五八年から七二年まで、ブルックヘブン国立研究所（米ニューヨーク州）の研究協力者として毎年のようにマーシャル諸島を訪れ、ロンゲラップ島などで子どもたちを診察し、放射線が成長に与える影響を調べ、やがて、成長を左右する甲状腺の深刻な障害を見出した。東京電力福島第一原発事故の約半世紀前、福島をルーツとするストウはロンゲラップの子どもたちを診察し、甲状腺障害の先駆的調査に加わっていたのである。

核実験を繰り返した加害者である米国が、無辜《むこ》の島民を調べたマーシャル諸島医学調査。その構図は、核爆発が戦時か否かの違いこそあれ、ABCCによる広島、長崎での被爆者調査とうり二つだ。MDアンダーソン病院での診察や研究を中断してまでも、ストウをマーシャル諸島に向かわせた動機とは何か。島民に対する態度はどうだったのか、ストウが成し得なかったことは何か。検証すべき項目は多い。

もう一つの顔は、小児がん化学療法の先駆者である。不治とされたがんを複数の抗がん剤を使って治し、多くの子どもたちの命を救った。

五四年に日本から米国へ帰国すると、ストウはヒューストンのMDアンダーソン病院で小児がん治療に打ち込む。化学療法の道を拓いた功績は、病院の歴史に刻み込まれている。多くの病院と共同で臨床研究を進め、骨などのがんを治療した。ストウは笑顔を絶やさず、幼い患者に穏やかに語り掛け、得意の手品で心和ませた。その診察態度は、今も語り草となっている。

欧米に比べ立ち遅れていた日本の小児がん治療に、ストウが与えた影響も実は大きい。聖路加国際病院の日野原重明、九州大学医学部小児科教授の遠城寺宗徳、長崎医科大学（現長崎大学医学部）・東北大学医学部小児科教授の佐野保らとの出会いや交流を背景に、日本の医学界に人脈を張り巡らした。広島の井田憲明から聖路加の細谷亮太に至るまで数多くの日本人医師をMDアンダーソンに受け入れ、次代を担う若手医師にがん研究の機会を与え、「トータル・ケア」の理念を教え、化学療法を実践させたのである。

## 受け継がれるトータル・ケアの理念

ストウの盟友、日野原重明が名誉院長を務める東京・築地の聖路加国際病院。二〇一四年春、小児科の研究室を訪ね、若い医師に「ドクター・ストウの名前を知っていますか」と声を掛けると、「もちろんです」と答えが返ってきた。

その医師は九州大学病院の勤務医で、九州がんセンターの岡村純から指導を受けている。小児がん専門医の資格試験を受けるため、上京し、かつての職場である聖路加国際病院で受験の準備をしていた。ストウから藤本孟男、金平榮《キムピョンヨン》、岡村、細谷亮太ら日本の小児科医へと伝えられたバトンは、さらに次世代に渡っているのだ。

聖路加国際病院小児科では、細谷が第一線を退き、代わりに真部淳が医長を務めていた。真部は細谷より十二歳若く、北海道大学医学部を出て聖路加のレジデント（研修医）となった。米テネシー州メンフィスのセントジュード子ども病院に留学中、ヒューストンのストウ宅にたびたび立ち寄り、ストウの妻メアリーと歓談した。既にストウは他界していたが、若手の日本人医師に対するメアリーの世話好きは終生変わらなかった。

真部は「小児科医の仕事は幅広い。患者さんの体全体を診療し、心や社会的成長、勉学のことまで考える」と話す。その仕事のありさまは、まさにストウら小児がん治療の先駆者たちが提唱した「トータル・ケア」である。

二〇一三年十二月、ヒューストンのMDアンダーソンがんセンターを訪ねた。小児科は「子どものがん病院」（Children's Cancer Hospital）と改称していた。小児科の主任教授で当時院長のユージニー・クライナーマンは「ドクター・ストウはまさにパイオニアです。複数の抗がん剤を組み合わせ、子どもたちを治した」と話した。彼女の専門分野はストウと同じ骨肉腫である。「ドクター・ストウは多施設共同研究の進展に大きく貢献しました。小児がんは症例が少なく、治療法が有効かどうか確かめるには、多くの病院が互いに協力する必要があったのです」

院長室の窓辺には、ガラスの額に入れた巻き貝のイラストが置かれていた。マーシャル諸島を愛し、全米有数の巻き貝収集家として知られたストウゆかりの品である。がんを患う子どもたちの治療をストウが見守っているかのように思えた。

MDアンダーソンは拡張を重ねている。六十年前、四床のベッドを備えて出発した小児科は今や、新館の八階ワンフロアに四種類の病棟を抱え、外来を受診する患者数が年間二千人に上るまでになった。一般のベッド二十六床、集中治療用ベッド九床、そして日帰りや一泊して化学療法を受ける子ども向けのベッドも十五床を備え、もちろん院内学級もある。

MDアンダーソンには、小児がん治療に貢献した医師や学者を顕彰する「W・W・ストウ賞」が設けられ、一九九〇年から授賞が始まった。ストウの死を悼み、惜しんだ日野原、井田、藤本らが日本の医学界に呼び掛け、寄付金約二千五百万円を集め、MDアンダーソンに託した。賞はこれらの資金を基に運営され、二〇一四年までに二十一人が受賞し、MDアンダーソンに客員講師として招かれ、記念講演をしている。

本書の読者は、小児科医ストウの歩みが「核の時代」と並行していることに気付くだろう。

ストウ医師が勤務したMDアンダーソンがんセンター＝米テキサス州ヒューストン（2013年12月著者撮影）

米国への忠誠を求められた時代に、ストウは銃を手に戦線に向かうのではなく、強制移住先のユタ州に残り医学教育を全うする道を選んだ。やがて広島のABCCへ赴任し、帰国後、ヒューストンで「トータル・ケア」を信条に掲げ、小児がん治療のフロンティアに立つ一方、ビキニ水爆実験の「死の灰」に被曝した子どもたちの調査に携わる。度重なる核実験によって伝統的な暮らしを破壊されたマーシャル諸島は、ストウにとって「トータル・ケア」とは程遠い世界であった。

子どもたちを研究対象とした冷徹な観察者。そして「不治の病」とされた小児がんの治療に心血を注いだ癒やしの人。ストウの六十九年の生涯は、苦い両義性をまとっている。人間とは複雑な存在であり、光を当てる角度次第で異なる相貌が見えてくる。

ストウは自らの過去を雄弁に語ることはしなかった。ほほえみの中に自らの感情を押し込めた。その沈黙の意味は深く、重い。諸資料と関係者の証言を基にこの卓越した小児科医の生涯を記録にとどめたい。その背景には福島やカリフォルニアの農村風景が広がる。目を凝らすと、ストウ一家百年の歴史が見えてくるのである。

# 第一章　ルーツ

## MDアンダーソン

ヒューストンはテキサス州東部、メキシコ湾に面し、原油生産、綿花の輸出で栄えた全米第四位の大都市である。郊外には米航空宇宙局（NASA）のジョンソン宇宙センターがあり、アポロ宇宙船に管制室が呼び掛けた名台詞「こちらヒューストン」は日本でもおなじみだ。

テキサス医療センター（TMC）はヒューストンの都心南側に広がり、二十一の病院、三つの医科大・医学部、六つの看護師学校など六十近い医療関係機関が集積し、約九万人が働き、約七万人が学ぶ世界最大規模の医療センターである。小児科医、ワタル・ストウが長年勤務し、幼い患者と向かい合ったテキサス大MDアンダーソン病院（現MDアンダーソンがんセンター）はその中核をなす病院だ。

ここで、米国屈指のがん専門病院、MDアンダーソンがんセンターの歴史に触れておこう。「MDアンダーソン」とは、テネシー州出身の実業家、モンロー・ダナウェイ・アンダーソン(Monroe Dunaway Anderson 一八七三〜一九三九年)にちなんでいる。アンダーソンはテネシー州メンフィスの北東にある小さな町ジャクソンで生まれた。地元の大学を卒業後、銀行に勤め、金融の実務を学んだ。やがて兄が設立した綿花商社「アンダーソン・クレイトン商会」の経営に加わり、一九〇七年にヒューストンに移り住む。

ヒューストンは当時、南部諸州で生産された綿花を取引する一大拠点だった。アンダーソンは、アンダーソン・クレイトン商会を経営し巨万の富を得るが、やがて腎臓や心臓を患った。独身の彼が亡くなった場合、莫大な税金が課せられるため、財産の大半は国庫に収納されるばかりか、保有する株式の行方次第ではアンダーソン・クレイトン商会の経営権も揺らぎかねなかった。そんな事情から、アンダーソンは三六年、私財三十万ドルを基金として「MDアンダーソン財団」を設立した。財団の目的は「病人をケアするための病院、ホーム、研究機関の設立、支援、維持」などとされた。アンダーソンが三九年に死去すると、財団の基金に遺産一九〇〇万ドルが上積みされた。

テキサス州議会は四一年、テキサス大学が州内にがんの治療と研究をする専門病院を創設することを承認する。病院の建設地は未定だったが、MDアンダーソン財団は建設地をヒューストンとし、病院の名前に「MDアンダーソン」をかぶせることを条件に設立資金五十万ドルを拠出した。こうして、四二年、がん専門病院はMDアンダーソン病院と名付けられた。ヒューストン都心部の敷地に、仮の病院が建てられ、四四年に診察が始まった。

五四年にピンクの大理石で覆われた新病院が完成し、MDアンダーソン病院は都心から移転した。ストウが広島のABCCを離任する約二カ月前の同年三月十九日に、新病院での診察が始まった。翌五五年、病院の名前は「テキサス大MDアンダーソン病院・がん研究所」と変わり、テキサス医療センターの中核機関として病棟や研究棟を拡張し、八八年には「テキサス大MDアンダーソンがんセンター」と、さらに改称された。

MDアンダーソンは現在、職員約一万九〇〇〇人、教授陣約一六〇〇人、ボランティア約一二〇〇人、ベッド数約六五〇床を擁し、がん治療・研究では世界有数の拠点である。

ヒューストンと広島が被爆者調査を通じて結びついているという事実はあまり知られていない。MDアンダーソン小児科の黎明期を支え、小児がん治療の世界有数の拠点に育てたのは、広島のABCCに在籍した三人の小児科医だった。三人とは、元所長のグラント・テイラー（Grant Taylor）、ワタル・ウォルター・ストウ、そしてマーガレット・P・サリバン（Margaret P. Sullivan）である。

広島、長崎で四九年から五四年にかけて、被爆した親から生まれた子どもを対象にした大規模遺伝調査を指揮した人類遺伝学者、ウィリアム・ジャック・シャル（William Jack Schull）も、七一年にミシガン大からテキサス大ヒューストン校に教授として移る。

被爆地とヒューストンの意外な関係を物語るのは、テキサス医療センター（TMC）図書館に設けられた「ＡＢＣＣアーカイブズ」である。今はＴＭＣ南端の図書館別館に移ったが、九五年三月、私が初めて訪ねた時には、ベイラー医科大に隣接する図書館本館の中に設けられていた。その設立のきっかけは、八一年十二月のストウの逝去であった。

ストウは膨大な資料を残していた。スタンフォード大の医学生時代から、広島のＡＢＣＣ勤務、ＭＤアンダーソンでの治療・研究活動、そしてマーシャル諸島医学調査に至るまで、論文、メモ、私信、写真、スライドなど七十二箱分（積み上げると十メートル以上）に上る。私が目を奪われたマーシャル諸島医学調査の調査票は、ストウが残した資料のほんの一部にすぎない。

シャルはストウの死後、妻メアリー（Mary）に資料寄託を要請した。ＡＢＣＣで活動した研究者が次々と亡くなり、資料が散逸してしまうのを見かね、元同僚やその遺族らに資料の寄託を呼び掛け、ＴＭＣ図書館にアーカイブズ設立を働き掛けたのだ。その狙いは、広島、長崎で被爆者に及ぼす原爆放射線の影響を調べた科学者らの資料を整理、保管して公開し、市民や研究者のために役立てる点にあった。

アーキビストとしてストウの資料の整理に携わったのは、鹿児島県徳之島出身の母を持つ日系二世のマーガレット・アーウィン（Margaret Irwin）である。大学時代の友人で、高校の数学教師をしていたゴラブ（Golub）と結婚、子育てをしながら目録作りをこつこつと続け、九八年、資料の目録を完成させた。目録には、博士の生涯を簡潔に記したＡ４判二枚の伝記も付いている。

マーガレットが作成した伝記を手掛かりに、まずストウのルーツをたどり、歴史の空白を埋めてみよう。

## 福島から

　この伝記[*1]によると、ストウの父はヤサク。一八六八（明治元）年に現在の福島県で生まれ、一九〇五（明治三十八）年に米国へ渡ったとある。伝記ではローマ字表記なので、どの漢字が充てられるかは分からない。母ヨシ（旧姓サトウ）も福島県出身で、一九一一（明治四十四）年に米国へ移住した。ストウは翌年の一二年八月三十一日、米カリフォルニア州中部の小さな町、グアダルーペでヤサク、ヨシ夫婦の長男として生まれた。二年後、弟のマサオが生まれている。

　グアダルーペは、太平洋沿岸に広がる美しい砂丘から少し内陸に位置する人口約七千人の町である。かつてスペースシャトルが宇宙からの帰還を果たし、着陸したバンデンバーグ空軍基地が近くにある。この基地からマーシャル諸島に向かってミサイルの試射も行われたというから、因縁を思わざるを得ない。

　この町で一家はどんな暮らしをしていたのだろう。ストウとはどんな漢字を書くのか。両親はなぜ福島から米国へ移民したのか。東京・永田町の国立国会図書館で移民関係資料を探すと、一家の生活の痕跡が一冊の年鑑に残されているのが見つかった。

「須藤彌作　大根其他　八〇　P.O.Box 100」

　カリフォルニア州の日系移民の活動を記録した『南加日本人年鑑第2号（1918～1919）[*2]』にある、たった一行の記述である。父ヤサクは「須藤彌作」として、目の前に現れた。一九一八（大正七）年当時、八〇エーカーの農地で砂糖大根などを栽培し、地元の郵便局に私書箱を持っていたことが読み取れる。

グアダルーペはもともと、砂糖大根の産地だった。砂糖大根とは、根の搾り汁から砂糖が採れる甜菜を指す。ビートとも呼ばれ、日本では北海道で栽培が盛んだ。

別の在米日本人名簿から決定的な記述を見つけた。一九二一年十月から翌年三月にかけて、現地邦字紙の日米新聞社が調査して作成した名簿である。

須藤彌作　福島県伊達郡大田村　P.O.Box100 Guadalupe, Cal　明治四年生、三八年渡米、ニードレス在留六年後、現所に定住一一年、現に六英加借地葱類に従事す。妻ヨシ、長男彌、次男正雄[*3]

ストウの日本名は「須藤彌」、父彌作は自らの名から一字を長男に充て、「ワタル」と読ませていた。「彌」には、隅々まで行きわたる、いつまでも衰えない——という願いを込めたのだろう。弟マサオの字は「正雄」と判明した。彌作の生まれた年はマーガレット作成の伝記とは異なり、明治四（一八七一）年と記されている。

名簿の記述によると、彌作は大田村で生まれ、一九〇五（明治三十八）年に米国へ渡り、カリフォルニア、ネバダ州境の町ニードルズに六年在留した後、グアダルーペにやって来た。日米新聞社が日本人会を通じて行った調査に対し、彌作はそう回答したのだろう。グアダルーペ定住の時期はちょうど、ストウや弟マサオの誕生と重なる。

ストウの父須藤彌作の出身地は福島県伊達郡大田村と分かった。現在の伊達市保原町の大泉地区である。大田村は一八八九（明治二十二）年に大泉、二井田、大立目、金原田の四村が合併して誕生し、一九五五（昭和三十）年に保原町などと合併し、二〇〇六（平成十八）年、平成の大合併で伊達市の一部となった。

彌作はなぜ、新天地アメリカを目指したのか。疑問を解く糸口を求めて福島へ向かった。

大泉地区は、東京電力福島第一原発から阿武隈山地を挟んで北西へ約六十キロに位置する。二〇一一年三月の東日本大震災に伴う原発事故で飛散した放射性物質に苦しめられている地域の一つである。放射能汚染を取り除き、暮らしと農作物の安全を確保することが喫緊の課題になっている。ストウの父祖の地は、原子力の負の遺産を背負わされていた。

阿武隈急行の二井田駅で電車を降り、水田と小さな農家の間をまっすぐに伸びた舗装道路を歩く。遠く東側に連なるのは阿武隈山地だ。北に宮城県境の山々、西には吾妻連峰を望む。ここが阿武隈川沿いの盆地であることがよく分かる。明治時代に養蚕が盛んだった大泉地区は今も緑豊かな農村に変わりはない。大田公民館の入り口に「東根川改修記念碑」が立っている。一九七二（昭和四十七）年二月の建立で、揮毫は当時の木村守江福島県知事。碑の裏には、阿武隈川の支流、東根川の氾濫するたびに住宅や農作物に大きな被害を出した歴史が刻まれている。土地の相貌を今に伝える碑である。

実りの秋。公民館の二階では、作物の放射線検査が行われている。市が業者に委託した事業で、白衣姿の女性二人が新米のもみを測定する。計器のデジタル表示が、一キログラム当たりのセシウム134、セシウム137の放射能の強さを示す。いずれも八～九ベクレル程度で、国の安全基準の百ベクレルを大きく下回っていた。隣の小学校では、運動場の表土を削る除染作業が実施済みだった。児童が無用の放射線被曝をしないよう運動会は前年に引き続き、午前中で切り上げたという。

「現在の放射線量　毎時〇・五〇マイクロシーベルト」。阿武隈急行保原駅前に設置された電光掲示板は、東京よりも数倍高い線量率を伝えていた。二〇一二年十月九日のことである。

## 二つの戦争、自然災害で疲弊する農村

公民館の向かい側にある農協がちょうど、旧村役場の場所だ。公民館の一帯は旧大田村の中心だった。郷土史をまとめた『大田の歴史――大地を継ぐ』、『保原町史』を公民館で閲覧すると、ストウの父彌作が暮らした明治後半期の村の姿が記録されていた。

度重なる自然災害、凶作、そして日清戦争（一八九四～九五年）、日露戦争（一九〇四～〇五年）に伴う増税……。彌作が渡米した事情が浮かんでくる。

『保原町史』は二つの戦争が地域にもたらした影響を次のように記している。

住民の立場からみれば、日清戦後の（明治）三十二年には、農民のもっとも関心が深い地租が、従来の地価の百分の二・五から百分の三・三に引き上げられ、さらに三十七年からは百分の五・五に引き上げられている。地租中心の当時の財政政策がこのような引き上げをも

たらしているのであるが、日清戦争後から日露戦争へと進む過程のなかで日露戦争を準備するために必要な資金を土地所有者に求めてきたわけで、農民にとっては重大な問題であった。日露戦争は、この租税徴収のほかに、日清戦争とは比較すべくもない大国ロシアを相手にした大戦争であったので、再度の地租増徴をはじめ全国民がそれこそ持てるあらゆる力を発揮して、否大いに背伸びしてまで戦争協力に走らされた。[*4]

日清戦争は近代日本にとって最初の本格的な対外戦争であり、農村の人々を直接巻き込んだ。大田村でも八人が兵士として召集され、十一人が「募集軍夫」に応募した。[*5] 総力戦となった日露戦争への召集兵員ははっきりしないが、『保原町史』は「日清戦争の数倍には達する。このうち相当の戦死者も出ている。やはり大きな犠牲を払った戦争であった」と述べる。

大田村一帯は明治後半期に自然災害と凶作にたびたび見舞われ、とりわけ、被害が甚大だったのは一九〇二（明治三十五）年と、三年後の一九〇五年である。相次ぐ災害、凶作、そして戦費を賄うための増税により、村は疲弊し、没落していく農家が多かったようだ。

このころ、村では大きな動きがあった。

一八九八（明治三十一）年五月、大田村を中心とした五十戸が北海道東旭川村のペーパン地区（現在の旭川市）に移住し、原野の開墾を始めた。当時の村長、菊田熊之助のリーダーシップで実行された「福島団体北海道移住」である。阿武隈川の氾濫や冷害、凶作が続く一方で村の人口が増え続ける現実を打開するため、菊田村長自らが団長として住民を率い、新天地を目指した。

北海道庁作成の『移住者成績調査 第一編』は集団移住の経緯、背景を次のように綴る。

　此の団体民の郷里は福島県伊達郡大田村にして、該村は水田少なく畑多くして桑樹を栽培し住民は養蚕を主業とせり、現団体長菊田熊之助は明治二十七年以来大田村々長に就職せしが、熟ら同村の情勢を考察するに戸数四百六十三戸ありて、毎年六、七十以上の人口を増加するも産業発達の余地少なくして、逐年貧困者を増加する状態なれば到底将来望みなきを思ひ、此等の住民を北海道に移し相当の産業を営ましめんと欲し、明治二十九年自費を以て北海道各地を巡回し、実況を調査して帰郷し村民に北海道開拓事業の有望なるを説き、移住を勧誘せしに之を希望するもの続出し、遂に百二十八戸の移住団を組織し、翌三十年知事の認可を得たり、是に於て熊之助は同年十二月移住地選定の為め再び渡道し、石狩国内を探検して現在地を選び百九十二万坪の予定存置許可を受けて帰郷し、移住の準備を為さしめたり、元来熊之助は村民移住の斡旋をなすのみにして自己は移住の考へなかりしも、団体長の適任者なく団体員其の就任を望んで已まざりければ、遂に移住の決心をなし村長を辞して三十一年四月二十日団体中の壮者五名を伴ひて先発し、同月二十六日現在地に入りたり[*6]（原文のまま）

　当時の大田村は戸数四六三。人々は桑を栽培し蚕を飼う養蚕を主な生業としていた。一八九四（明治二十七）年に村長に就任した菊田熊之助は、困窮の度合いを増す村の暮らしを憂え、村民の一部を北海道に移住させることで村の未来を切り拓こうとしたのである。

大田村が激しい変化の時代を迎えていたとき、ストウの父彌作はこの村でどんな暮らしを送り、北海道への集団移住にどう対応したのだろうか。

地元出身の郷土史家、津田功がまとめた『想いは北へ――福島団体北海道移住百年史』[*7]に、大きな手掛かりがあった。全一三七頁の冊子は、旧大田村から北海道旭川市ペーパン地区への集団移住という埋もれた史実を明るみに出した労作である。

その中の「移住応募一二八戸と現在の子孫」と題した一覧表に、彌作の消息がはっきりと残されていた。北海道移住半年前の一八九七（明治三十）年十二月に作成された移住応募者一二八戸の名簿を基に、津田が独自の調査を加えてまとめた一覧表だ。十九番目の人物欄に、当時の戸主、住所として「須藤弥作　伊達郡大田村大泉字中北四七番地」と記され、下段の現在の子孫名と住所には「アメリカカリフォルニアへ移住」と記されていた。[*8]

「弥」は「彌」の新字体である。一覧表をまとめた津田に照会すると、「アメリカカリフォルニアへ移住」のくだりは、旧大田村関係者の話を基に書き加えたという。

彌作は、北海道への移住を決意していた。しかし、実際に北海道に移住したのかどうかは不明だ。移住に応募した一二八戸のうち、一八九八年の第一次集団移住団は五十戸とも五十二戸ともされる。応募したものの実際には北海道に渡らなかった人たちも多かったのである。

大田村の村長を辞め、自ら移住団の団長となった菊田熊之助は一八九八年四月二十六日、働き盛りの五人を伴い、先発隊として北海道東旭川村のペーパン地区に到着した。

苦闘が始まった。仮住まいする小屋の建設に手間取り、結局、地元のアイヌの人たちに十一円を支払い、三坪の小屋十戸を建ててもらう。その完成を待って故郷大田村に電報を打ち、第一次移住団五十二戸に出発を促した。

財産を売り払って手にした移住資金は、大半の世帯で百円前後。中には旅費が足りなくなる人たちもいた。雨漏りのする小屋で新生活が始まったのだ。雇われ仕事もなく、ひそかに衣類を質入れして食料を調達したり、野草を採って食べたりした厳しい生活だが、資金のある者から金を融通するなどして一八九八年は何とか乗り切った。翌年に移住するはずの世帯の中には、困窮ぶりを聞いて移住をためらう例が多く、実際に移住したのはわずか二十家族程度にとどまった。

移住応募当時、彌作は二十代後半から三十歳に差し掛かったころである。彌作は果たして北海道東旭川村へ移住したのだろうか。北海道移住を裏付ける資料は見当たらなかった。

## 父は単身ハワイへ、そして「転航」

マーガレット作成の伝記で「一九〇五（明治三十八）年に渡米」とされた彌作の旅券発給記録を求めて、東京・麻布の外務省外交史料館に通い、「海外旅券下付返納表申達一件」のマイクロフィルムを閲覧した。マイクロフィルムには、旅券を発給された人の本籍、氏名、年齢、戸主との続柄、保証人名、渡航地、渡航目的、旅券下付年月日などが記載されている。

福島県のほか、彌作が渡米前に移住した可能性がある北海道、そして出航地横浜を管轄する神奈川県について、明治三十七年、三十八年分を探したが、彌作の名はなぜか見つからない。

「海外旅券下付返納表申達一件」の旅券発給記録を入念に調べた研究に、吉田恵子の論文「東日本における明治期出移民の実態──明治三十一年～四十五年の福島県出移民旅券データから」[*9]がある。

吉田の研究によると、明治三十一年から四十五年までの十五年間に福島県から各地へ移民したのは七二一一人に上り、全国十位の移民県であった。ちなみにトップは広島県の四万八五九一人、二位は熊本県二万八二〇〇人、三位山口県二万二八一五人と続いている。

福島県からの移民の数は四つのピークを示す。明治三十二年（五七六人）、三十五年（四八六人）、三十九年（一六六九人）、四十三年（八〇三人）である。吉田は、各年がいずれも福島県内で自然災害が発生した年である点を指摘し「これらの災害によって受けたであろう経済的ダメージが移民を大量に送出した直接的要因の一つと考えられる」と分析している。

明治三十八年に福島県から旅券を発給された移民は一六八人。渡航先はメキシコ一〇六人、ハワイ五十五人、そして米国七人である。彌作が渡米したとされる明治三十八年の時点では、日本から直接、米国本土へ労働者が渡航することは規制され、困難だった。

しかし、ハワイやメキシコにいったん渡航した後で、米国本土に行くのは可能で、「転航」と呼ばれていた。彌作も「転航」をした一人だったかもしれない。だとすれば、故郷の福島県伊達郡大田村を離れた時期は、明治三十八年よりも相当遡る可能性がある。そんなことを考えながら、国立国会図書館で再び資料を探し、謎を解く決定的な資料をついに見つけた。

一九二九（昭和四）年にロサンゼルスの加州福島県人発展史編纂所が発行した『加州と福島県

人　南加篇』に、彌作がグアダルーペで移民の「元老」「先駆者」として尊敬されていたことなどが記載されていたのだ。

農園経営者　須藤彌作
出生　明治元年六月十日　本籍　伊達郡大田村大泉四十七番地
住所　P.O.Box 221 Guadalupe, Calif.
家族　妻　ヨシ子　長男　彌（ワタル）（一九一二年生）　二男　正雄（一九一四年生）

身得意の時代に在りても敢て驕らず、又不遇の境に沈湎しても聊かも失望せず、洒々落々、時に酒盃に親しみつゝ堅忍持久の努力を以て最後の勝利を期待し居るは、實に我が須藤彌作氏の奮闘振りである。氏は既に還暦の齢に達して居るが、その元気は依然として青年其儘である。氏は明治卅二年（一八九九年）一月七日布哇ホノルルに上陸し、直にホノルル、製糖會社並に加哇島キヤリア製糖會社附屬のシユガー・ケーン三百英町耕作の請負をしたが、更に加哇島内コロアに轉じて百三十英加の請負耕作を為し大に得る所あつた。が、再びキヤリアに帰り砂糖製造場に入り二ケ年間製糖の事に就働したものである。斯くして前後六年間を布哇に経過した譯であるが、遂に米大陸轉航を思ひたち明治卅八年（一九〇五年）八月十五日無事桑港に上陸したのであつたといふ。

氏は直ちに東行してコロラド河畔に駐まることゝなつた。そして該河を挟んで或時は加州ニユードルスに、或時はアリゾナ州ウイリアンスに於て白人の家庭に働いたものである。この間また六年間の永きに及んだ。一九一一年五月十一日遂に南加ガーダループに移り農業を経営することとなつたのであるが、孜々として倦むことを知らず年々相當の成績を擧げてゐる。地方の元老として尊敬され、また縣人間の先驅者として重きを為されてゐる氏は謙遜にして自己を語るを好まなゐが、人を推奨するに吝ならざる美點を有つてゐる人である。*10

彌作は一八九七（明治三十）年十二月、菊田熊之助らが呼び掛けた北海道への集団移住計画にいったん応募した。しかし、翌年の集団移住には同行しなかったようだ。その代わりに出稼ぎ先としてハワイを選んだ。

一八九九（明治三十二）年一月にハワイ・ホノルルに到着しているから、大田村を後にしたのは前年の明治三十一年になる。福島県から海外へ本格的な移民が始まった年だ。この年に福島県からハワイに向かったのは四〇四人。その中に彌作がいた。満三十歳の青年であった。

この記述を頼りに、外務省外交史料館で「海外旅券下付返納表申達一件」のマイクロフィルムを詳しく調べると、福島県が明治三十一年十二月に旅券を発給したリストの中に、彌作の名前をやっと見つけることができた。その記録は次の通りである。

旅券番号　二五一一〇、氏名　戸主須藤弥作、住所　伊達郡太田村（原文のまま）、年齢三十一年七月、労働種類　出稼、渡航先　布哇、移民取扱人又ハ保証人　熊本移民合資会社、

旅券下付月日　卅一年十二月廿一日

彌作は熊本移民合資会社の募集に応じ、一八九八（明治三十一）年十二月二十一日に旅券を受け取り、おそらく横浜港からハワイへ向かったとみられる。カウアイ島などのサトウキビ畑や製糖工場で六年間働き、一九〇五（明治三十八）年八月には、米サンフランシスコ港に上陸し、「転航」を果たした。

一方、彌作の住所とみられる土地の当時の所有者を確かめてみた。福島県歴史資料館で、一八八四（明治十七）年六月作成の『大泉村地籍図』、明治十五年の実地調査を基に一八八七（明治二十）年にまとめられた『大泉村地籍帳』の写しを閲覧した。地籍図、地籍帳は、いずれも地租（土地に対して課せられた国税）徴収の基本となる資料であり、地籍図は現在の公図に当たり、地籍帳は土地登記簿のように地目、面積、所有者を知ることができる。

地籍帳には、土地一筆ごとに番号が振ってあり、これが地番あるいは番地に相当する。中北四七番地をみると、地目宅地で面積「九畝廿七歩」（九八二㎡）、所有者は「須藤弥五郎」であった。一八八七年当時、彌作の実家とみられる土地を所有していた須藤弥五郎。その名前は、別の資料にも登場する。一八八一（明治十四）年に当時の大泉村が村内の養蚕農家一三五人について蚕種掃き立て量、桑畑所有面積・収量などを文書にまとめている。その中に「須藤彌五郎」の名があり、桑畑を「一反四畝歩」（一三八八㎡）所有していた事実[*11]が記されている。

つまり、須藤弥五郎と須藤彌五郎は同一人物とみてよい。ストウの父彌作の実家は屋敷、桑畑を所有する自作農であった。ちなみに、北海道への集団移住のリーダー、菊田熊之助の名前も同じ資料に見出せる。菊田家所有の桑畑は三反歩（二九七五㎡）で、須藤家の二倍以上であった。明治中期に地籍帳や村の文書に土地所有者として記載された須藤彌五郎は、彌作の父親ではないか。

彌作は一八九九（明治三十二）年に大田村からハワイへ渡り、一九〇五年には米国本土へ移動する。やがて新天地カリフォルニア州グアダルーペに定住を図り、妻、娘を呼び寄せ、ストウが生まれた。福島からハワイを経て米本土へ。「彌」の文字は、彌五郎から彌作へ、そして彌作からストウに引き継がれていく。

阿武隈川支流に広がる水田や桑畑、ハワイのサトウキビ畑、カリフォルニアの大地を覆う砂糖大根畑、そして太平洋の大海原に米大陸の砂漠。明治後半期を生きた一人の農民が目撃した風景はなんとスケールが大きいことか。それは激動の時代を生きた証左である。

## 一世の歩み、出稼ぎから定住へ

明治・大正期に日本から米国へ渡航した日系一世の歩みは苦渋に満ちている。その歩みは「成功物語」とはほど遠く、敵対的な土地で生き抜くために苦闘した少数民族の歴史にほかならない。そう喝破したのは、カリフォルニア大ロサンゼルス校（UCLA）准教授を務めた歴史学者ユウジ・イチオカ[*12]（日本名・市岡雄二）である。

イチオカは一九三六年六月にサンフランシスコで生まれ、太平洋戦争中には強制立ち退き・収容を経験した日系二世である。ワタル・ストウ(須藤彌)よりもひと世代若いのだが、惜しくも二〇〇二年九月、六十六歳の若さで逝去した。

一九六〇年代に公民権運動やベトナム反戦運動に関わり、「アジア系アメリカ人」の概念を提唱し、「アジア系アメリカ人政治同盟」(Asian American Political Alliance)を設立した活動家でもあった。UCLAに「アジア系アメリカ人研究センター」を創設し、六九年から三十三年間講義を担当した。[*13]

イチオカの功績は、日系アメリカ人に関する日本語、英語の一次史料をいち早く掘り起こし、葬られていた過去を再発見した点にある。米国で一九八八年に出版され、四年後に邦訳が出た『一世』(原題名 The Issei; the World of the First Generation Japanese Immigrants,1885–1924)は「日系アメリカ人一世に関する最初の包括的な歴史研究書」として高い評価を受けている。

ストウの父彌作、母ヨシらが渡米し、ストウらを産み、育てた一九〇五年から一九二〇年代とはどんな時代であったのか。『一世』を手掛かりに、日本から米国への移民の歴史を概観してみよう。

イチオカによれば、米国への日本人移民の歴史は一八八五年から一九〇七年までの第一期、一九〇八年から二四年までの第二期に大別できる。

第一期は「出稼ぎ」の時代である。

日本政府とハワイ王朝の協定に基づき、サトウキビ畑などで三年間働く「ハワイ官約移民」が一八八五年に始まり、一八九四年まで続いた。この間に労働者約三万人が日本からハワイへ渡航し、ハワイから日本へ二六〇万ドルを送金した。

日本政府が労働者の海外への送り出しから手を引き、官約移民が終わると、続いて移民会社が登場した。移民会社とは、日本で労働者を募集し、海外へ送り出すことで利潤を得る私企業である。

日本政府は一八九四年、移民会社を規制する「移民保護規則」を公布した。「移民を募集し又は移民の渡航を周旋するを以て営業となす者」を移民取扱人とし、移民取扱人は内務大臣の営業許可を受け、一万円以上の保証金を納めた。移民取扱人には会社組織と個人があり、移民会社は会社組織の移民取扱人に当たる。一九〇六年までに移民会社と個人の取扱人は三十に上り、うち九社は広島県に本社を置いた。

米本土の西海岸で一九〇〇年春に日本人労働者の入国に対する反対運動が起きたのをきっかけに、日本政府は同年八月、米本土とカナダへの労働者の渡航を禁止した。規制は二年後に緩められ、日本に帰国した労働者の再渡航が認められるようになったが、日本から直接、米本土へ向かう労働移民の流れを抑制する効果は生きていた。

それでもハワイ向け移民の旅券は入手できたので、ハワイ経由で米本土に上陸した移民は一九〇一〜〇七年に約三万八千人に上った。ストウの父彌作も、この中に含まれる。

カリフォルニア州では日本人移民排斥の動きが活発となり、〇六年十月には、サンフランシスコ市が公立学校の日本人生徒を隔離する決定をした。「サンフランシスコ学童問題」と呼ばれる事件である。セオドア・ルーズベルト大統領は〇七年三月、合衆国以外の目的地向けに発給された旅券を持つ外国人の入国を禁止し、ハワイ向け旅券を持つ日本人移民の流れをせき止めた。〇八年には、日本政府が米国への労働移民を自主規制する「日米紳士協定」が結ばれた。こうして「出稼ぎ」の時代は終わる。

第二期は出稼ぎから米国永住を志向する時代である。

単身で米国に渡った出稼ぎ労働者は、農民として大地に定着し始めた。男たちは故郷に残した妻を呼び寄せたり、一枚の写真を頼りに日本の女性と結婚したりした。

ストウの父彌作の消息を記録した『日米年鑑』の発行元は日米新聞社である。その経営者は、苦学生から日本人移民社会のリーダーになった安孫子久太郎であった。イチオカは著書『一世』の中でも、日系一世の同胞に「出稼ぎ」からの脱却と米国永住を説いた安孫子の活動や理念を生き生きと描いている。

米国への定着を志向し始めた日本人移民の前に、移民排斥運動が大きく立ちはだかる。カリフォルニア州では一九一三年、日本人を念頭に土地所有を禁止する「外国人土地法」が制定された。この法律は「市民権を得ることのできない外国人」を対象に外国人個人や外国人が株主の大多数を占める会社による土地購入を禁止し、借地も三年間に制限した。一九二〇年には新たな立法で借地も禁止された。

当時、米国では米国籍を取得できるのは「自由な白人」と「アフリカ生まれの外国人とアフリカ系の子孫」とされており、少数の例外はあったものの、日本人移民は「帰化不能外国人」として市民権取得の道を閉ざされていた。ハワイ在住の一世、小沢孝雄が帰化を求めた訴訟で、連邦最高裁は一九二二年、小沢は自由な白人でもアフリカ系でもなく、モンゴル人種であり、帰化権はないとの判決を下している。

イチオカは一九二〇年から二五年にかけての日本人の農地耕作・保有状況を示す統計を紹介している。現金借地や歩合耕作の形で土地を借りて耕作した面積は二〇年に三一万三一五〇エーカーに上ったが、二五年には七万六三九七エーカーに大きく落ち込んだ。所有する土地の面積も二〇年の七万四七六九エーカーから二五年には四万一八九八エーカーに減少した。所有地の減少は「日本人農民が未払い金をはらえなくなってしまったためであった」とイチオカは分析している。*14

日本人移民の一世にとって、有力な生計の手段である農場経営はますます困難になった。

米連邦議会は二四年、帰化不能外国人を移民として認めないとする移民法を制定し、すべての日本人移民を禁止した。こうして日本人移民の流れは完全にせき止められた。イチオカは『一世』の終章を次のように締めくくった。

合衆国における日本人の将来は、今やその子供たちが自分の生まれた国でいかに成長し、暮していくかにかかっていた。排日運動は日本人移民の心のなかにいつまでも消えない苦しみと怒りの遺産を残した。いつかは二世が、もっと明るい未来において、日本人に対する疑惑を晴らしてくれるであろうという希望を抱くことによって、この遺産はある程度は軽減されたのであるが。*15

移民が禁止された一九二四年の時点で日本人移民の心に中に残された「苦しみと怒りの遺産」は、その後和らぐどころか、日米戦争に至る経過の中でさらに膨らんでいく。日系米国人が経験した苦難を思うとき、日系二世の歴史家、ユウジ・イチオカが『一世』の終章でつづった言葉は実に切なく、日系米国人の歴史の底流を的確に表現している。

ストウの父母は日本人移民一世であるが、言葉を残していない。辛うじて確認できるのは、旅券発給記録、年鑑や県人会の資料、故郷に送った一枚のパノラマ写真、十年ごとに行われた米国勢調査の回答、死亡診断書、そして墓碑銘である。イチオカの書物は、一世の声なき声を反映し、ストウ一家の空白を補う手助けをしてくれる。

「いつかは二世が、もっと明るい未来において、日本人に対する疑惑を晴らしてくれるであろうという希望」——。二世の歴史家イチオカは一世の思いをそう表現した。

その思いこそ、福島からカリフォルニアへ裸一貫で渡った須藤彌作、ヨシ夫婦がともに抱いた希望であったに違いない。両親の希望を目に見える形で切り拓き、実現したのが、長男彌、すなわちワタル・ストウであった。

# 第二章　苦学と日米開戦

## 新天地

彌作が米国で最初にたどり着き、六年間を過ごした町は、カリフォルニア州の南東端、コロラド川に面したニードルズである。モハベ砂漠の南東端に位置し、コロラド川の対岸はアリゾナ州であり、ネバダ州境にも近い。一八八三年に大陸横断鉄道の駅ができて以来、交通の要衝として発展した。

「ルート66」で名高い国道66号線がこの町を通り、開通したのは一九二六年のことだ。東はイリノイ州シカゴ、西はカリフォルニア州サンタモニカに通じている。

スタインベックは代表作『怒りの葡萄』（一九三九年）の中で、国道66号線を「マザー・ロード

（母なる道）」「逃亡の道路」と呼んだ。

『怒りの葡萄』の主人公であるトム・ジョードは、故郷オクラホマ州を捨て新天地カリフォルニア州へオンボロ自動車で向かう。農地の土壌を吹き飛ばした猛烈な砂嵐や機械化農業の波に抗することができなかった貧しい農家の姿が描かれ、一家がアリゾナ州からコロラド川を渡り、ニードルズに入る場面もある。

『怒りの葡萄』の時代から約三十年前、彌作は一九〇五年に太平洋を渡り西方から砂漠の町ニードルズに単身でやってきた。トム・ジョードと同様に、彌作も自然災害に苛まれ、時代の波に追われるようにして故郷を後にした農民の一人であった。

旅券発給記録によると、彌作は一九一一（明治四十四）年に妻ヨシを福島からカリフォルニアへ呼び寄せた。同年五月二十三日、ヨシは福島県から旅券を受け取っている。旅券を受け取ったのはヨシだけではない。彌作、ヨシ夫妻の三女で、ストウの十四歳上の姉、ヨシイも、当時十三歳の若さで母親とともに太平洋を渡っていたのである。

「外国旅券下付表　福島県庁」の明治四十四年五月の欄に登場するヨシとヨシイの旅券発行記録は次の通りである。

須藤ヨシ　旅券番号一六九八一四、福島県平民、戸主弥作妻、本籍地伊達郡大田村大字泉字中北四七、生年月日明治五年十一月十四日、旅行地名　北米合衆国、旅行目的　夫呼寄

須藤ヨシイ　旅券番号一六九八一五、同人（戸主弥作）三女、生年月日明治三十一年一月

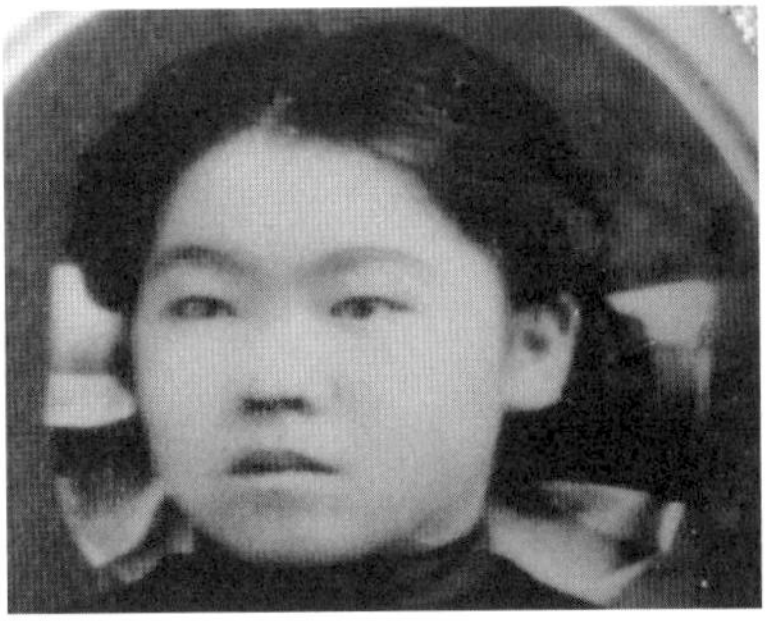

左――父、須藤彌作、上――姉、ヨシイ＝好枝（カリフォルニア州グアダルーペにある須藤家の墓碑陶板の写真から）

　二十日、旅行目的　父呼寄

本籍地は「伊達郡大田村大字泉字中北四七」と手書きされているが、正しくは「大田村大字大泉字中北四七」であろう。「大字大泉」と記すべきところを官吏が「大字泉」と誤ったとみられる。

米国側にも記録が残されていた。ヨシ、ヨシイ親子とみられる二人の日本人女性が一九一一年八月、東洋汽船の新鋭旅客船天洋丸でハワイ・ホノルルに寄港し、八月二十四日、サンフランシスコに到着していたのである。乗船名簿には、「Mrs. Y. Suto」と記された三十八歳の女性と、「Miss Y. Suto」と記された十三歳の女性の名前がある。年齢はヨシ、ヨシイと一致している。目的地はいったん「カリフォルニア州ニードルズ」と書き込まれた後、線が引かれ「カリフォルニア州グアダルーペ」と訂正されていた。彌作が故郷から妻子を呼び寄せるのを機に、アリゾナ州境の町ニードルズから太平洋沿岸の農業の町グアダルーペへ生活の本拠を移した様子が見て取れる。

親子が乗った天洋丸は、横浜とサンフランシスコを結ぶ東洋汽船の豪華客船である。全長一六七メートル、総トン数一万三四〇二トン、八〇〇人近い船客を乗せ、時速二〇ノットで航行できた。長崎の三菱造船所で完成したのは、親子が乗船する三年前の一九〇八（明治四十一）年のことだ。サンフランシスコの港では、彌作が待ち受け、再会を喜んだに違いない。故郷福島をあとにして十三年近くが経っていた。太平洋を渡った親子の胸中を想像すると、胸が締め付けられる。

ワタル・ストウは一九一二年八月三十一日、カリフォルニア州グアダルーペに生まれた。父彌作、母ヨシ、そして十四歳になった姉ヨシイとの四人暮らしであった。二年後、一九一四年七月二十九日には弟マサオが生まれ、五人家族となる。

グアダルーペはカリフォルニア州中部の太平洋沿岸、サンタバーバラ郡に属する町である。東隣にはサンタマリアの町がある。標高約二〇〇〇メートルの山々からなるサンラファエル山地から太平洋に注ぐサンタマリア川が、町の北部を流れ、サンルイス・オビスポ郡との境をなす。流域は「サンタマリア平原」と呼ばれ、冬は温暖多雨で、夏は比較的高温で乾燥する地中海性気候に覆われている。

一帯は農業が盛んだ。かつては砂糖大根（ビート）栽培が隆盛であったが、一九二〇年代に野菜栽培に転換し、今もトマト、ブロッコリー、イチゴなどの畑が広がっている。丘にはブドウ畑も目立ち、ワインの産地でもある。

日米新聞社編『在米日本人人名辞典』（日米新聞社、一九二二年）によると、兵庫県出身の森銀之助が一八九七（明治三十）年にサンタマリアに入り、砂糖大根栽培の請負耕作を始めた。後に日米新聞社を経営する移民の指導者、安孫子久太郎も三年後、サンタマリアで労働者供給の仕事を始めている。『サンタマリア平原日本人史』は、一九〇〇年にユニオン製糖会社の農園労働に従事するため、若い日本人労働者がサンフランシスコを中心とするカリフォルニア州北部から移住し始めたと伝えている。*16

一九一七年八月に地元日本人会が行った調査によると、グアダルーペ在住の日本人は計五七〇人、日本人経営の商店が十四あり、二つの理髪店もあった。農園経営者夫婦が五十八組、独身者も五十二人いて、歩合耕作七六四〇エーカー、借地耕作六五七一エーカー、所有土地一〇〇エーカーに上った。主要な産物は大根、野菜、豆類であった。大豆など豆類の耕作が有望視されると、白人の地主自身が耕作するようになり、土地不足に陥ったようだ。一九二〇年ごろにはグアダルーペなどサンタマリア一帯に在住する日本人は約一二〇〇人、耕作面積は二万エーカー（八〇九四ヘクタール）に達していた。

福島から妻子を呼び寄せた須藤彌作はグアダルーペでどんな暮らしをしていたのだろうか。

グアダルーペ在住の農家二十九人の氏名が一九一四年刊の『日米年鑑』に掲載されているが、この中に彌作の名前はない。二十九人の中には大規模な耕作を手がけた人もいる。和歌山県出身の津村楠太郎、熊本県出身の大石與次郎らで、一千ヘクタール以上の規模で請負耕作していた。彌作、ヨシの夫婦は、こうした大規模農家の使用人として働いていたと推測できる。

「須藤彌作　大根其他　八〇（エーカー）　P.O.Box 100」――。ヤサクの名前は『南加日本人年鑑第2号（1918~1919）』（一九一九年）に農家六十四人の中に混じって登場する。名簿は一九一八年末時点のデータである。

一九二〇年の全国国勢調査の調査票にも、一家四人の名前が記録されていた。居住地はグアダルーペからサンタマリア川を渡り、北へ約五十キロ離れたサンルイス・オビスポ郡ピスモスである。同年一月一日時点の現状を記載した調査票には「ストウ・Y　戸主　48歳」「ストウ・Y　妻　44歳」「ストウ・W　息子　8歳」「ストウ・M　息子　6歳」と書かれている。

厳密に言えば、長男ワタルは七歳、次男マサオは五歳であるが、おそらく彌作は調査員にそう答えたのであろう。三女ヨシイの名前がない。

注目すべきことに、同じ世帯に二十二~五十六歳の日本人男性五人の名前が使用人として記載されている。彌作がこの五人を雇い、耕作していたことを示す。彌作とヨシの職業は Laborer（肉体労働者）、従事する産業は Farm（農場）と記されていた。一家はグアダルーペを拠点に、近郊の農場のキャンプに住み込む生活をしていたと考えられる。

『サンタマリア平原日本人史』は、彌作が地域社会で応分の役割を果たしていた事実を伝えている。一九二三年九月の関東大震災の際に日本人会は義捐金を募ったが、彌作は二十五ドルを寄付した。一九三〇年三月、グアダルーペ小学校の新築費用の募金でも十ドルを寄付している。[*17]

## 異郷の土に還った父母と姉

彌作、ヨシ、ヨシイの親子三人が太平洋を再び渡ったという記録は見当たらない。三人は故郷、福島へ帰ることなく、移民一世として異郷の地で生涯を終えたのである。

　父母と同じ移民一世であった姉のヨシイが最初にこの世を去った。渡米七年後の一八年十一月五日、新型インフルエンザとして猛威をふるった「スペイン風邪」にかかり、亡くなったのだ。わずか二十歳。あまりにも早い娘の死に、母ヨシは悲嘆に暮れたと語り継がれている。

　ヨシイは同じ日本人移民のヘンミ家に看病の手伝いに行き、病に倒れたという。

　『加州と福島縣人 南加篇』（下巻）のグアダルーペ在住福島県人の人物紹介には、彌作とともに、農園経営者、邊見勇が登場している。それによれば、邊見は帰国した父に代わり、兄とともに一九一七年に三〇〇エーカーの農地を借りて砂糖大根（ビート）栽培を始めていた。伊達市の野木家で見つかった葬儀のパノラマ写真にも「逸見勇」の名前が入った花輪が写っている。ヨシイが手伝いに行ったヘンミ家とは、同じ福島県出身の邊見勇方であったようだ。

　突然の病魔に倒れ、早世した姉。その死を、当時六歳のストウはどう受け止めただろうか。この悲しい記憶は、ストウが小児科医を志す動機の一角を形作ったのではなかろうか。

　父、彌作は三〇年六月五日に亡くなった。六十一歳だった。胸膜が化膿する「膿胸」が死因とする記録もあるが、死亡の経緯は定かではない。

　母、ヨシは英語が不得意で、納豆を作っては日本人に売っていたという。日米開戦後にグアダルーペから内陸部のユタ州ソルトレークシティ近郊の農場へ移住を余儀なくされ、戦後は次男マサオとともにソルトレークシティで暮らした。長男のストウを日本に送り出した後の四九年六月七日にソルトレークシティ総合病院で肺炎のため亡くなった。七十六歳。自宅で倒れ、病院で手当てを受けたが、回復しなかった。

彌作と妻ヨシ、三女ヨシイの墓は、グアダルーペの共同墓地に並んで立っている。後年、長男のストウ夫妻、次男マサオの墓も隣に建てられた。ストウ家の一世、二世は、広大な畑を見渡せる共同墓地に多くの日本人移民とともにそろって眠っている。

「釋實言　須藤彌作之墓」「昭和五年六月五日没」

彌作の墓碑には、ネクタイを締めた彌作の顔写真が焼き付けられていた。髪をさっぱりと整えた若い頃の写真で、農業労働者のたくましいイメージとは異なり、知的な雰囲気が漂う。

墓碑の裏には「WIFE YOSHI SUTOW」と妻ヨシの名前も刻まれている。これは、グアダルーペ在住の二世の家族が、墓碑のないヨシのことを気遣い、「夫婦一緒に」と刻んだものである。

ヨシイの墓には「福島県伊達郡大田村　須藤彌作　三女　釋仁賢尼　好枝之墓　大正七年十一月五日死亡　行年二十歳」と刻まれ、顔写真が焼き付けられている。ふっくらした顔立ち、太い眉とクリッとした目は弟のストウそっくりで、意志の強さが伝わってくる。墓碑銘はヨシイの字が「好枝」であることを教えてくれた。

## 仏間に保管されていたパノラマ写真

大田村とグアダルーペのストウ一家を結ぶ強い絆を示す品が、二〇一二年秋に意外な場所で見つかった。彌作の実家があった福島県伊達市・中北集落。農業を営む地元の長老、野木平吉宅を訪ねた。野木はこのとき八十七歳である。

「須藤彌作さんの消息を調べている」と伝えると、野木は居間に招き入れてくれた。彌作の長男が苦学して小児科医となり、米医学界で尊敬されている事実を野木に話す。

「ちょっと待てよ……」。野木はそう言い残して、奥の仏間に消えた。数分して戻ってきた野木の手には、丸めたボール紙のようなものがあった。座卓の上に広げられたのは、縦十五センチ、横九十三センチの大きなパノラマ写真だ。

写真を見てみよう。生花に囲まれたひつぎが写真中央のやや左に置かれ、三つ揃いのスーツ姿の男性や正装した女性ら日本人とみられる人々が、花輪の後ろに立っている。一張羅を身につけた子どもの姿もある。浄土真宗の僧侶とおぼしき男性二人もいる。ひつぎの後ろには「DUDLEY」と英語のネーム入りのテントが見える。

後方には、枝葉を広げた木々や電柱、切り妻屋根、井戸のやぐらも写り、霊園で故人の埋葬直前に営まれた葬儀の参列写真のようだ。参列者を数えると、全部で一三〇人に上った。

驚くべきことに、花輪を抱えた青年と少年のところに万年筆で線が引かれ、「兄彌」「弟正雄」と書き込まれていた。書き込みが正しければ、指し示された人物は、ストウ本人と弟マサオである。

ストウの右隣には黒いコートを着た小柄な女性が立ち、その隣には半ズボン姿の男児がいる。「DUDLEY」とは葬儀社の商号である。サンタマリアに、一八七六年創業の老舗葬儀社ダドリー・ホフマン社（DUDLEY HOFFMAN）が実在する。

いったい誰がこの写真を野木家に送り、どのような事情で大切に保管されたのだろうか。写真

の書き込みがあり、1930年6月に亡くなった須藤彌作の葬儀の可能性がある。

の裏には何も書かれていない。野木が写真の由来を教えてくれた。

「須藤彌作という名前は覚えている。おやじが『アメリカさ、行ったんだ』と話していた。この写真は『須藤彌作の写真』とおやじから聞いていた」

野木によれば、写真は米国から父、重吉に送られた。一九四四（昭和十九）年に重吉が亡くなった後、仏間にある写真箱に長く保管されてきたのである。

『大田の歴史』所載の経歴によると、重吉は明治三年三月に野木重太の長男として生まれ、明治十年開設の大泉小学校に学び、農業を継いだ。「聡明な重吉は長ずるに及んで益々学業に励み地域青年層のリーダー的存在であった」[*18]とある。重吉は、一八九九（明治三十二）年九月から一九〇四（明治三十七）年十月まで村の収入役を務め、一九一三（大正二）年から一九一七（大正六）年まで村長を務めた。

彌作と重吉とはほぼ同年代であり、同じ集落に暮らし、親交が深かったと考えてよいだろう。重吉は、米国へ移住した彌作のことを、息子に「アメリカさ、行ったんだ」と話し、

福島県伊達市の野木家で見つかった葬儀のパノラマ写真。米グアダルーペの日本人移民130人が参列している。中央右側に「兄彌」(Ⓐ)「弟正雄」(Ⓑ)

送られてきた写真を大事にしまい込んでいた。

写真には、十一もの花輪や花かごが写っている。「大石與次郎」「大石與三郎」「上田周蔵」「逸見勇」……。花輪の送り主の名前もかすかに読み取れる。上田周蔵の氏名は『南加日本人年鑑』にグアダルーペ日本人会参事員として掲載されているから、この葬儀は、グアダルーペで営まれたと判断できる。一九三〇年六月に亡くなった彌作の葬儀ではないか。

この時、ストウは高校卒業を間近に控えた十七歳、弟のマサオは十五歳である。参列者が厚着である点が気になる。だがテキサス医療センター(TMC)図書館のアーキビストによれば、三〇年六月の気候は冷涼であったという。

カリフォルニアから太平洋を渡り、福島の旧家の仏間で長く眠っていた一枚の写真。それは、彌作、ヨシの夫妻と野木家が強い絆で結ばれていたことを物語る。野木家先代の元村長、重吉が、彌作の長男彌や次男正雄の顔を知っていたとは思えない。「兄彌」「弟正雄」と写真に漢字で書き込んだのは、母ヨシではないのか。ストウの右隣の小柄な女性こそが母ヨシではないか。ヨシは、野木家へ葬儀のパノラマ写真を送り、夫の逝去と息子二人の成長を伝えたと考えられる。

## 親友とマジック

ストウは一九二〇年、グアダルーペ小学校に入学する。幼少時代にとても貧しく、小学校に通うことができたのはようやく八歳になってからだったと、ストウ晩年の弟子で聖路加国際病院の小児科医、細谷亮太は聞かされている。

ストウは二七年にグアダルーペ小学校を卒業し、サンタマリアユニオン高校に入学する。同校は四年制だが、三〇年、飛び級により三年で卒業した。在学中は学識や奉仕活動などの面で高い水準にある生徒を対象とするボランティア組織「カリフォルニア奨学金連盟」（CSF）に所属し、最上級生の時には永久会員に選ばれ、大学進学時の奨学金受給資格を得ていた。

卒業アルバムともいえるサンタマリアユニオン高校年鑑（三〇年）には、アメリカンフットボールや野球のユニフォームを着たストウの姿が収められ、課外活動のスポーツに積極的に参加した様子もうかがえる。また、週刊の学内紙ではスポーツ担当記者も務めていた。年鑑の最上級生A組の欄にはこんな記述がある。

学業の分野で大変な好成績を挙げました。アンナ・マクギンリー、ジュン・クリベンジャーそしてワタル・ストウはカリフォルニア奨学金連盟（the California Scholarship Federation）の永久会員です。（中略）ワタル・ストウは三年で卒業し、アデリーン・シルバ、ニナリー・

ウェイターズとフローレンス・シビリオは三年半で卒業します。（中略）多くの有能な生徒が学内紙「ブリーズ（Breeze）」のスタッフであったことを誇りに思っています。ロイス・メンデンホール編集長、彼女の下でワタル・ストウ、エマ・マクミリアン、グレース・フリーマン、ジュン・クリベンジャーとオリーブ・シャーマンが働きました。「ブリーズ」は南カリフォルニア新聞大会で賞を取り、カリフォルニア大学で行われた大会では優勝しました。*19

年鑑の記述や写真から浮かび上がるのは、優等生ワタル・ストウの姿である。クラスメートの顔写真と課外活動の記録、人物評を紹介する欄がある。ストウは髪を整え、スーツにネクタイをして写っている。「彼は物知りの紳士（a knowing gentleman）」とやや毒気を含んだ人物評が書き込まれていた。

後にストウは小児科医として患者を診察する時、得意の手品で患者の心を和ませていた。ストウの手にかかると、診察室にある巻き尺も蝶のようにひらひらと宙を舞い、がんと闘う幼い患者に微笑みをもたらした。

見事な手品の技を身に付けるきっかけは高校時代にあった。長女エレンは、「父は高校時代に、サーカス団の一員である友人と知り合い、終生親しくしていました。手品は彼から習ったようです」と教えてくれた。生涯の友とは、テレビでの「イリュージョン・マジック」を開拓したことで知られるラルフ・アダムズ（Ralf Adams　一九一〇～九八年）である。「踊るハンカチーフ」などアダムズのマジックはインターネットの動画投稿サイトで見ることができる。

アダムズは十二人きょうだいの末っ子としてモンタナ州で生まれ、二二年にサンタマリアにやってきた。皿洗いのアルバイトで蓄えた資金でマジックの教則本を買い、独学でマジックの技を身に付けた。サンタマリア市内で写真スタジオを営む傍ら、数々のショーに出演し、ストウも同好の士であった。後に日米開戦に伴ってストウ一家がユタ州へ立ち退く際、ストウは家財の一部をアダムズに託している。このことからも、二人の信頼関係の深さがうかがえる。

後に、テキサス州ヒューストンのMDアンダーソン病院で小児科医として活躍するストウの元をアダムズやその家族が訪ね、ストウ宅に泊まることもあった。テキサス医療センター図書館のアーカイブズにはアダムズがストウに送った手紙も残されている。高校時代に生まれたアダムズとストウの友情は、家族ぐるみの付き合いに広がり、終生続いた。

高校の年鑑の末尾には、生徒が描いた「サンタマリアユニオン高校学区」の絵地図が掲載されている。サンタマリア、グアダルーペに広がる平原一帯を当時の高校生がどう見ていたのか。世界観が表現されていて興味深い。絵地図を見てみよう。

グアダルーペの東方にはレタス畑が広がり、ニンジンや砂糖大根、製糖工場もある。南側には、ラクダと、それを撮影する人がいて、太平洋沿いに横たわる砂丘の存在を示している。

グアダルーペ砂丘で撮影された無声映画「十誡」の公開は一九二三年であり、年鑑編集時に砂丘といえば映画撮影というイメージがすっかり定着していたようである。

煙を吐いて南のサンタバーバラの方向へ向かうサザンパシフィック鉄道の汽車も描かれている。サンタマリアの東には砂糖大根や大豆の畑が広がり、油井も点在し、さらに奥にはブドウ畑もある。絵地図は、サンタマリア川流域が農業地帯であり、原油も産出するなど資源に恵まれた土地であったことを今に伝えている。こうした環境の中でワタル・ストウは育まれたのである。

サンタマリア平原の風景は今も、絵地図の世界とさほど変わっていない。ブロッコリーなどの野菜やイチゴを栽培する畑が広がり、丘に上がれば、ブドウ畑も見ることができる。農地の間に点在する油井もある。絵地図さながらの風景である。

ストウは一九三〇年六月にサンタマリアユニオン高校を卒業した。年鑑によると、卒業式が行われたのは六月十二日である。その一週間前に、父彌作はこの世を去っていた。本来、晴れ晴れとして迎えるはずの高校卒業だが、ストウは悲嘆と不安に包まれていたのではないか。

時代は風雲急を告げていた。前年にはウォール街のニューヨーク証券取引所で株価が大暴落し、世界恐慌が始まる。三一年には日本の関東軍が中国東北部の奉天（瀋陽）郊外で南満州鉄道の線路を爆破する柳条湖事件を起こし、満州全域に侵攻した。十五年戦争の始まりである。移民問題で冷え込んでいた日米関係はさらに悪化する。

## スタンフォード大へ

サンフランシスコから南へ約六十キロ。ヒューレットパッカード、アップル、グーグルなど名だたるＩＴ企業を産み育てたシリコンバレーの中心部パロアルトに、スタンフォード大学のキャンパスが広がっている。

パロアルトの農場を切り拓き、スタンフォード大が開学したのは一八九一年のことである。創設者リーランド・スタンフォードは、ニューヨークで育ち、ゴールドラッシュを機に西部へ移り、食料品販売で身を起こし、大陸横断鉄道のセントラルパシフィック鉄道の経営で財をなした実業家である。カリフォルニア州の共和党重鎮として州知事や連邦上院議員も務めた政治家でもあった。

大学創設の陰には、スタンフォード家の悲劇が織り込まれている。

リーランド・スタンフォードは妻ジェーンとの間に一人息子をもうけた。リーランド・ジュニアである。一八八四年、一家三人でイタリア旅行中、息子は腸チフスを患い急死した。わずか十五歳。悲嘆に暮れたスタンフォード夫妻はある決心をする。もはや、我が子に何もしてあげられない。それなら、カリフォルニアの子どもたちを我が子と思おう――。夫妻は愛息を記憶し続ける道として大学創設を考えついたのである。[*20]

夫妻は当時としては斬新な考え方を持っていた。男女共学とし、大学経営はキリスト教の宗派とは関係なく、そして何よりも教養豊かで有為な人材の育成を目指した。構想や建設に六年を費やした。開学当時、「スタンフォードの教授たちは、大理石の講堂で空席のベンチに向かって講義をすることになる」とニューヨークの新聞に揶揄されたが、そんな前評判を吹き飛ばし、男女五五五人の学生と十五人の教授陣で、大学の歴史の扉が開いた。

ストウは一九三一年一月、十八歳でスタンフォード大に入学する。

日本人移民を両親としてグアダルーペで生まれたストウも、スタンフォード夫妻が成長を願う「カリフォルニアの子どもたち」の一人であった。

スタンフォード大は秋（十〜十二月）、冬（一〜三月）、春（四〜六月）、夏（七〜九月）の四学期制を敷き、学生は学期ごとに単位を取得できた。例えば、冬と春の学期に受講し、夏と秋の学期には働いて学資を稼ぐことができたのである。硬直化した日本の高等教育制度とは異なり、学期ごとに学費を支払って登録でき、働きながら学べる道があった。

「ストウさんは最初スタンフォード大で学んだが、経済的に大変苦労され、学費や生活費を稼ぐために学業を中断して田舎の畑で働いて復学するというのを繰り返していた」[*21]と述懐したのは、ストウよりも四歳若い小児科医、ジェームズ・ノブオ・ヤマザキ（James N. Yamazaki）である。ストウと同じ日系二世で、一九四九年から五一年にかけて広島、長崎の原爆傷害調査委員会（ABCC）小児科に在籍し、共に被爆者調査に携わった。

ストウが物静かで寡黙であったのに対し、ヤマザキは陽気で、はっきりとものを言い、広島では住宅をめぐる差別的な待遇に対してABCC幹部に猛然と抗議し、長崎へ転勤させられるという逸話を残している。

ヤマザキも、ストウと同様に、スタンフォード夫妻が願いを託した「カリフォルニアの子どもたち」の一人である。長野県からの移民を父母に、一九一六年、ロサンゼルスで生まれた。カリフォルニア大学ロサンゼルス校で動物学を専攻し、三九年に卒業した後、ウィスコンシン州ミルウォーキーにあるイエズス会系の大学、マークェット大学医学部に進み、小児科医となった。日米開戦直前に米陸軍に志願し、四四年にはヨーロッパ戦線に従軍し、ドイツ軍に捕らわれた経験を持つ。従軍中に父母や妹は強制収容されていた。

さて、ストウの大学生活をたどってみよう。

スタンフォード大が公開している年報（Annual Register）[*22]の中に、学生の氏名と取得単位を記した学籍簿がある。学籍簿の記録を調べると、父を失ったばかりのストウが柔軟な大学の制度を活用し、働いては勉学に励み、また働いて次のステップに進んでいった様子を垣間見ることができる。

ストウの名前は三一年度（三〇年秋～三一年夏）の冬学期に初めて登場する。学部段階の一、二年次、日本の一般教養に相当するＬＤ（Lower Division）の冬、春学期に登録し、十三単位を取得した。三二年度はフルタイムで受講し、取得単位を六十一に伸ばした。三三年度の登録は秋学期（三二年一〇～一二月）だけだが、新たに十五単位を取得している。取得単位は七十六単位に上り、学部段階前半の単位をほぼ取り終えた。

その後、三四～三六年度には登録の形跡がない。ストウは三三年初めから三六年夏までグアダルーペ周辺の農場などで働き、ＵＤ（Upper Division）と呼ばれる学部段階後半の専門教科を履修するための学資を確保していたとみられる。

スタンフォード大で学ぶためには多額の資金が必要であった。学期ごとに必要な学資は平均で三〇二ドルにも上った。内訳は授業料一一四ドル、書籍代一五ドル、共益費八五ドル、部屋代一八ドル、雑費三五ドル、洗濯・被服費三五ドル――である。一カ月当たり約百ドルになる。

一九三〇年代初め、ドルと円の交換レートは一ドル＝約二円だったが、日本政府は三一年十二月、高橋是清蔵相の下で金輸出を再び禁止し、金本位制から離脱すると、一気に一ドル＝約五円の円安となり、三五年には一ドル＝三・五円ぐらいで落ち着いた。一ヵ月の学費約百ドルとは約三五〇円に当たる。日本銀行のウェブサイトによると、現在の物価は三四〜三六年当時の七百〜千八百倍というから、単純計算すると、当時の百ドルは現在の二十四万〜六十三万円に相当する。やや乱暴な換算だが、学費の高さは実感できるだろう。

大恐慌の後、全米各地の農家も苦境に立っていた。農産物価格の下落にあえぎ、破産が相次いだ。米労働省の統計によると、三五年の時点で農場に雇われた労働者の平均賃金は大恐慌前の水準の約六割にまで下がり、月に二十五・五ドル。ストウが暮らすカリフォルニア州など太平洋沿岸では、賃金が他の地域に比べ高かったが、それでも月に六十六ドル（三八年）である（Handbook of Labor Statistics 1941 Edition）。父を亡くしたばかりのストウにとって、学費の負担はとても重たかった。

ストウは三年近いブランクの後、大学に復帰する。三六年秋に基礎医科学コースの生物学専攻に進み、フルタイムで学び、取得単位は計百二十三単位に達した。三八年夏までに取得単位は計百七十四単位となり、学部段階の単位を取り終えているようである。

スタンフォード大には当時「日本人クラブ」があり、そこがストウの住所となっていた。日本人向け寄宿舎から大学に通い、学資がなくなると、グアタルーペに戻り、働いていたようだ。

## 学資稼ぎ

ストウの職場は、「野菜王」の異名をとる荒谷節夫がグアダルーペで経営していた野菜梱包発送会社であった。約十年間、簿記係を務め、生活費と学資を稼いだようだ。「ワタルさんは計算が強く、野菜のバイヤーをしていた父が頼りにしていた。作物が実る前に畑ごと買うのですが、買い付けの時は必ずワタルさんを連れて行ったようです」と話すのは、今もグアダルーペに住む日系二世のサム・マエナガである。一九二五年生まれでストウよりも一回り若い。

ストウがスタンフォード大で学んでいたころ、グアダルーペの日本人移民社会は絶頂期を迎えていた。その勢いは、三六年五月に地元日本人会が出版した四二四頁からなる大著『サンタマリア平原日本人史』に見て取れる。著者は日本人会幹事の坂久五郎である。坂は自序を次のようにつづっている。

現在、平原の蔬菜耕作可能面積、壱万六千英加の過半が、日本人農家の統制裡にあり、平原日本人発展の発祥地たるガダループの地に一度足を入るゝ者、何人も其の地に横溢する日本人の経済力に想を致さざる者なく、赤手空拳、政治と社会の二門を完全に閉鎖されたる彼等が、いみじくも此処に達し得たる苦難奮闘の歴史を繰る時粛然襟を正し、頭を垂るゝ者、豈《あに》独り著者のみには過ぎないであらう。

さりながら、爾今星霜を幾度か数へ、第一世の影、サンタマリアの野より没し尽して、二世・三世の代ともならば、吾等の遺跡として、ガダループの墓地に立つ幾百基かの先駆者の墓石以外、異郷における吾等の苦闘を物語る者、そも何があらう。著者は茲に先人苦闘の跡を採ね、発展の路を録する又無意義ならずと信ずる所以である。*23

グアダルーペなどサンタマリア平原に住む日本人は一九三四年に一世六二五人、二世八二五人の計一四五〇人を数えた。グアダルーペに日本人移民がやってきてから三十年が過ぎ、排斥の動きに抗して生活の地歩を築いた自信と将来への不安が交錯している様子が自序から読み取れる。共同墓地に立つ「幾百基かの先駆者の墓石」の中には、もちろん、ストウの姉ヨシイ、父彌作の墓も含まれている。

荒谷は三千エーカーの農地を管理し、グアダルーペで野菜梱包発送会社（パッキングハウス）を経営した。木箱に氷を詰め、新鮮さを保ったままシカゴやニューヨークに向けレタス、カリフラワー、セロリなどを鉄道で発送した。ストウは簿記係を務めていた。

広島県出身の荒谷は熱狂的な野球ファンであり、野菜栽培の事業で築いた財を野球に注ぎ込んだ。一九〇五年にサンフランシスコで日本人チームを組織したほか、グアダルーペでは白人、日本人の従業員らを使って「荒谷野球団」を編成し、二八年には日本に遠征を実現させている。二万ドル以上を投じたというこの遠征では、神宮球場で駿台倶楽部と対戦し五対三で勝利したのを皮切りに、東京、横浜、兵庫、北海道、広島、福岡で、大学のOBチームや各地のクラブチームなどと計二十七試合を戦い、二十二勝四敗一分の好成績を収めた*24。日本にプロ野球ができる前のエピソードである。

ストウも生涯、野球ファンであった。サンタマリアユニオン高校で野球クラブに入り、地元グアダルーペでも青年時代にプレーを楽しんだ。

前述のサム・マエナガは「ワタルさんは野球が大好きで、グアダルーペ仏教会のチームで外野を守りましたが、プレーだけでなく、実況のアナウンスもとても上手でした」と懐かしむ。ストウはスタンフォード大でも野球を続けたが、なぜか、大リーグのニューヨーク・ヤンキースのファンであった。

後年、ストウがヒューストンのMDアンダーソンがんセンターで小児がん治療に尽力していたときも、帰宅後、ソファで大リーグの野球中継を見ては疲れを癒やすのが日課だった。長女エレンは次のように回想する。

父は私に、スコアの付け方を教えてくれました。どの球を打ち、どのポジションが球を捕ったのか、どのように打席に立ち、いくつ三振したのか……。ヤンキースの試合のたびに〝いつものデート(standing date)〟となりました。ヤンキースの全選手が達成した重要な記録を口に出すことができる——父はそんな野球ファンでした。野球のテレビ中継が始まると、父と私は〝いつものデート〟をしました。母は時間の無駄と思っていたようですが、それは父と私の特別な時間だったのです。[*25]

ストウの野球好きは、荒谷野球団を生んだグアダルーペの土地柄と無関係ではないだろう。

## 結婚

ストウは一九三七年九月に日系二世のメアリー・ヒデオ・コレナガと結婚する。メアリーは非常に明るい人柄で、物心ともに苦しい時代をたくましく生き抜いた女性である。面倒見が良く、後に終の棲家となるテキサス州ヒューストンでは留学中の日本人医師や学生に母親のように慕われた。

メアリーは一九一四年五月二十九日、コロラド州モントローズで生まれた。父イノキチ・コレナガ（惟永伊之吉）は福岡県出身の農業労働者で、日本からやってきたチヨと一〇年五月にワシントン州シアトルの仏教寺院で結婚していた。メアリーは夫妻の第一子である。コロラド州発行の出生証明書にはファーストネームが「ヒデオ」となっているが、日本の男性の名前である「ヒデオ」を女児に付けた理由はよく分からない。

イノキチ、チヨの夫妻には、ヒデオ（メアリー、秀雄）に続いて一五年にアリス（チエ、千恵）、一八年にスミヨ（澄代）、一九年にはシゲコが生まれ、二〇年の国勢調査のときには夫妻と四女の計六人家族になっている。二三年にはユイジ（ジョージ、惟爾）が生まれた。

三〇年の国勢調査時の住所はコロラド州からユタ州へ移っていた。世帯にチヨの名前はない。メアリーが十三歳のときにチヨは亡くなった。

テキサス医療センター図書館のＡＢＣＣアーカイブズには、一九三〇年から三一年にかけてのストウの手帳が残されている。その中に、メアリーの名前と住所を見つけた。メアリーは当時、ユタ州プロボに住んでいて、二人はこのころから文通していたのである。

メアリーはやがてロサンゼルスに移り、ムラセ・マサカズ医師のクリニックで働き始め、ストウとの親交を深めた。ムラセ医師はその後、ストウの広島行きのきっかけをつくる一人である。四〇年の国勢調査時に、伊之吉はロサンゼルスで、アリス、ユイジと三人暮らしだった。シゲコはロサンゼルス市内のムラセ医師宅で働きながら大学へ通い、スミヨはハワイへ移り住んでいた。ストウは新婚時代、家計の事情でパロアルトとグアダルーペを行き来し、メアリーはグアダルーペに残り、義母、義弟と暮らしていた。

長女エレンはこう証言する。

「両親は、父がスタンフォードで学んでいるときには一緒に暮らしてはいませんでした。母は父の故郷グアダルーペで生活をしていました。なぜなら、母がスタンフォードで同居するに十分なお金はなかったからです」

ストウは学部段階の単位を取り、三九年一月、基礎医科学の学士号（BA）を取得した。学籍簿には「成績優秀」と記されている。大学院で微生物学を学び始め、同年秋には医学部（メディカルスクール）へ進んだ。

米国の医学部は、日本の医学部とは異なり、大学の学部段階を終えてから入学する四年制の専門職大学院である。スタンフォード大では、大学の学部段階で所定の単位を取り、試験を通過した者が医学部に入学できた。一年次の定員は約六十人の狭き門で、計十二学期（三年）を医学部で学んだ後、病院で一年実習をし、医学博士号（MD）を取得できた。

具体的には、十二学期のうち、最初の四学期はパロアルトのスタンフォード大キャンパスで解剖学、微生物学、生理学、生化学などを学ぶ。次の八学期はパロアルトから約五十キロ離れたサンフランシスコ市内に当時あった医学部付属病院へ移り、薬理学、病理学、臨床の研究室や病院で研鑽を積み、最後の一年間をインターンとして病院実習に充てることになっていた。

ワタルが医学部に進んだのが三九年秋だから順調に進めば四三年夏には医学博士の学位を取得できたはずである。

四〇年の全国国勢調査の回答票によると、ストウは同年一月現在、グアダルーペに母ヨシ、妻メアリー、弟マサオとともに暮らしていたことになっている。ストウは簿記の仕事で年収八百ドルと記載され、弟マサオは野菜出荷包装の仕事をしていた。ともに、荒谷節夫のパッキングハウスで働いていたことを示している。

## 開戦と立ち退き

ストウの氏名がスタンフォード大の学籍簿に出てくるのは四一―四二年分までである。

四一年十二月七日（日本時間八日）、日本による真珠湾奇襲攻撃で、太平洋戦争が始まった。日本からの移民は「帰化不能外国人」とみなされ、二四年に全面禁止された。一世は市民権を得られず土地も所有できない差別的な取り扱いを受けてきた。それでも一世は、米国で生まれ育ち市民権を持つ二世の将来に望みをつないでいたのだが、日米戦争はこうした望みを無残に打ち砕いた。

開戦直後の十二月十二日付で、ストウはスタンフォード大医学部のチャンドラー学部長から一通の証明書を入手する。

関係各位　ワタル・ストウがスタンフォード大医学部三年次の医学生であることを証明する。私たちの記録によれば、ストウはカリフォルニア州グアダルーペで一九一二年八月三十一日に生まれた合衆国市民である。[*26]

この在学証明書は、生まれながらの米国人である日系二世が開戦直後に置かれた立場を暗示している。これから見舞われる苦難の中で、この証明書はどの程度役立ったのだろうか。

四二年二月十九日、フランクリン・ルーズベルト大統領は大統領行政命令九〇六六号に署名し、特定の地域から住民を排除する権限を軍に与えた。この命令により、日本から移民した一世や米国人である日系二世の強制立ち退き、強制収容が動き出す。

三月二日にはジョン・L・デウィット中将が、軍事地域第一区と第二区を指定する布告第一号を発布。カリフォルニア州、オレゴン州、ワシントン州の西部とアリゾナ州の一部が第一区に指定され、これら四州の残り全域が第二区に指定された。この公布は、軍事地域第一区から人々を立ち退かせることを意図していた。

四二年三月末にはルーズベルト大統領の行政命令に基づき、西海岸沿岸に暮らす日系人の強制立ち退き、収容が始まった。

ストウ一家のうち、母ヨシ、妻メアリー、弟マサオの三人は妻メアリーの実家筋のつてを頼り、ユタ州ソルトレークシティ近郊の町サンディにある農場に向かい、収容所暮らしは免れた。ヨシ、メアリー、マサオの三人は「デッドライン」と呼ばれた立ち退き期限ぎりぎりにグアダルーペを離れた。内陸部に移住先を見つけた「自発的立ち退き」の形態である。立ち退き期限を過ぎて家にとどまった日系人たちの多くは強制収容所に連行されることになる。

自発的立ち退きといっても、家財を処分し、生活の基盤を捨て、ふるさとに別れを告げざるを得なかった点では強制収容された人々と変わらない。

ストウ自身もスタンフォード大の退学を余儀なくされ、いったんサンフランシスコから転学先のシカゴの医大に向かった。しかし、家族の同行は許されなかったため、入学を諦め、サンディの家族と合流した。

グアダルーペの隣人で当時十六歳だったサム・マエナガは、苦境にあったマエナガ一家をメアリーが最後まで献身的に面倒をみてくれたことを覚えている。マエナガの父は荒谷節夫の野菜梱包会社で野菜のバイヤーをしていたが、四一年十二月、日本軍による真珠湾奇襲攻撃の直後、FBIの係官に連行され、ノースダコタ州の施設に収容されてしまう。日本人社会の有力者を狙い撃ちにした検挙といえる。父親を連行され、母親と一歳下の弟ヒューとの不安な生活を支えてくれたのがメアリーであった。

自発的立ち退きの期限が迫り、マエナガ一家はコロラド州の知人を頼る決断をする。三月のある夜、グアダルーペを午後十時の汽車で出発する兄弟を、メアリーが見送りに来た。マエナガ兄弟は連行された父親の苦労を知るだけに収容所生活を何としても避けたかったという。

米国生まれの市民でありながら理不尽な扱いを受けた兄弟だが、戦後、空軍や陸軍に徴兵され、朝鮮戦争を経験している。二〇一三年十二月、八十八歳になるサム・マエナガはグアダルーペの自宅でインタビューに応じ、弟ヒューが運転する車でサンタマリアまで送ってくれた。「戦争がなければ、この辺りはみんな日本人が耕していたはずだ」と、車窓の向こうに広がるブロッコリー畑に目をやり、静かに語った。「日系二世もみんな年を取った。今、記録に残さないと、歴史が消えてしまう」。そう嘆いたマエナガの姿が忘れられない。

## 恩人

サンディの農場では、メアリーが畑を耕し、生計を支えた。一九四二年十月三日には第一子である長女、オリエ・エレン（Ollie Ellen）が誕生する。一方、ロサンゼルスにいたメアリーの父惟永伊之吉、妹アリス、シゲコ、弟ユイジ（ジョージ）の四人は同年五月、アリゾナ州コロラド・リバーのポストン収容所に抑留された。

サンディの農場への自発的立ち退きは、福岡県出身の移民でメアリーの実家と付き合いのあった瀬知五郎の計らいだった。瀬知は、メアリーの父母と同じ福岡県出身の農業出稼ぎ労働者で、一九二〇年代にユタ州で働いていた。

ストウ、メアリーの夫妻は終生、瀬知の援助を恩に感じ、日本に帰国した瀬知との交流を続けた。「瀬知夫妻を実の祖父母のように思っていた」と長女エレンは回顧する。ストウが広島のABCC小児科に派遣されると、メアリーは娘を連れて、玄界灘に面した松林の近くにあった福岡県志摩町（現糸島市）の瀬知家を訪れている。

後にヒューストンのMDアンダーソン病院でストウの薫陶を受けた愛知医科大学名誉教授の藤本孟男も、ストウが「瀬知のおじいちゃん」の思い出に言及するのを覚えている。ストウは瀬知から医学教育の学資を援助してもらった恩をけっして忘れず、来日のたびに福岡県の瀬知宅を訪ねていたという。

ストウ一家の恩人、瀬知五郎とはどんな人物なのか。

瀬知は一八七九年に福岡県可也村（現糸島市）に生まれた。米国勢調査の記録や次男五十九郎《いそくろう》の話によると、一九〇四年ごろに出稼ぎのため渡米し、ワイオミング州やネバダ州の農場で働いた。いったん帰国して十九歳下の妻タニと結婚し、二一年に再び渡米し、ユタ州で新たな生活を始め、長男、長女をもうけた。ストウの妻メアリーの実家、惟永一家とはユタ州で親交を深めたようだ。

しかし、瀬知一家に悲劇が襲いかかる。長男が自動車事故に遭い、亡くなったのだ。

瀬知は傷心のタニ、長女を連れてユタ州から福岡県へいったん帰郷する。次男五十九郎が福岡県で三七年八月に生まれると、妻子を日本に残したまま、翌三八年五月に再び渡米し、ストウのふるさとグアダルーペ周辺の農場で働き始めた。日本からの移民が二四年に全面禁止された後でも、瀬知が渡米し、働くことが何故可能だったのか。事情はよく分からない。

福岡市に暮らす元商社マンの次男、五十九郎が、瀬知が生前によく語った逸話を教えてくれた。グアダルーペ近郊に広がるイチゴ畑。夏休み前の五月ごろのことだろうか。瀬知が農作業をしていると、旧知のメアリーの夫、ストウが瀬知に声を掛けた。

「おじさん、仕事を手伝おう」

瀬知はストウに手間賃を払い、農作業を手伝ってもらうようになった。ストウは新聞配達のアルバイトもしていた。

やがて夏休みも終わり、大学が始まったのに、ストウはいつまで経ってもアルバイトばかりして、スタンフォードに戻ろうとしない。

「ストウ君、どうしたんだ」

瀬知が聞くと、ストウは「学費がない」と打ち明けた。

「それを、早う、言わんかい」

瀬知はそう言って、ストウへの援助を始めた。

瀬知は農作業で得た賃金を金融機関に預けずに、現金を手元に置き、「ヘイ」と呼ばれる干し草の中に隠していた。

「これを使わんか」

「担保もなければ、返済できるかどうかも分かりません」

「わしは君を信用する。一人前になって返せるようになったら、返してくれ」

そんな会話が瀬知とストウの間で交わされたという。

日米通商航海条約の失効（一九四〇年一月）、在米日本資産の凍結（四一年七月）と日米関係が緊迫し、日本への送金は難しくなる中、瀬知は米国で稼いだ資金をストウの医学教育支援に振り向けたのだ。五十九郎によれば、後にストウが広島の原爆傷害調査委員会（ABCC）に赴任したころ、ストウは毎月返済し、その金額はそっくり京都の大学に進学した五十九郎の学資になった。

苦難のときを分かち合ったストウ一家と瀬知夫妻との関係を示す一通の手紙がヒューストンのABCCアーカイブズに残されている。[*27] 瀬知五郎の妻タニがメアリーにあてた手紙で、一九七二年五月十日付の志摩郵便局の消印がある。ストウ夫妻への親愛の情がこもる文面である。

> ミスターセチも、もう手紙がかけませんので、いつもいつもおうわさばかりはして、あなた方御一家のことばかり申し上げています。今はねたりおきたりで身も不自由になりました。（中略）アメリカでは、あれだけ、はたらいていたのに、もうこんなに、はたらかれない様になったとくやしなきになくときも、ありますから、私までが、かなしくなりますのよ。シゲ子わたなべ、ジョージ惟永さんにも先日おれいはだしておりますが、あなたからもよろしくと申してくださいませ。（中略）ミスター須藤様が大学教授になられましたので、あなたもいろいろとおいそがしいことですね、どうかお二人共おからだを大切にして下さいませ。

このとき、瀬知は九十二歳、タニは七十四歳である。

「シゲ子わたなべ」とは、メアリーの妹のシゲコ・ワタナベを指す。シゲコの夫ジローは終戦後、軍属として米国から日本へ進駐した。この時に聖路加国際病院の医師、日野原重明と知り合い、後に日野原とストウ一家の長い交友関係のきっかけをつくった。「ジョージ惟永」とは、メアリーの弟を指している。瀬知夫妻は共に長寿を全うした。瀬知は七四年十二月に、タニは九七年九月に亡くなる。九十五歳と九十九歳であった。

## 再び医学の道へ

後にABCC、MDアンダーソンがんセンターでストウとともに働いた医師マーガレット・P・サリバンは、ストウの苦学と努力をこう述べている。

レタスの梱包作業、全米に配達する貨車の輸送ルートづくり、スタンフォード大フットボールチームの賄い役、そして雪深いユタ州での新聞配達。さまざまな経験がストウの豊かな心を培った。[*28]

ストウは強制立ち退き期限を前に自発的にカリフォルニア州を離れ、ユタ州ソルトレークシティ近郊のサンディへ移り、メアリーら家族とともにささやかな生活を維持し、瀬知らとともに困難を乗り切ろうとしていたのである。

一九四二年から四三年にかけて、ソルトレークシティは二世らでつくる全米日系市民協会（JACL）の活動拠点だった。「モーゼと呼ばれた男」の異名を取る二世のリーダー、マイク・マサオカはストウより三歳若く、地元のユタ大で法律を学んだ。マサオカは強制立ち退きを事実上容認し、米国への忠誠を示すため陸軍に日系人部隊の創設を提案し、自ら欧州戦線に従軍した。マサオカは自伝の中でこう述べている。

口だけでは、世論を我々の望む方向へ転換出来そうもないが、我々の価値の最も劇的な証《あかし》は、今度の悲惨な戦争で危機に瀕した国家の防衛のために、日系人が戦い、血を流したという記録を打ち立てることだった。*29

多くの二世が米国への忠誠を示すために、戦闘部隊に志願し、あるいは通訳や翻訳要員として軍の情報部門で働いた。その役割は大きく、トルーマン米大統領は後に「人間秘密兵器」と表現した。この時期、ソルトレークシティにいたストウが、JACLの活動にどの程度関わっていたのか分からない。しかし、メアリーの肉親四人がポストン収容所に抑留されており、収容所生活の待遇改善を求めるJACLの運動に関わった可能性は十分にある。ABCC、MDアンダーソンを通しての同僚サリバンはこのように書いている。

本当にストウという人物を知るためには、彼の医学教育が、米西海岸に暮らす日系人を対象にした強制立ち退きのために中断させられたことを理解しなければならない。しかしながら、彼の時間は自らを哀れむために浪費されたのではなく、収容所内の自治制度を構築するために使われたのである。*30

サリバンによれば、ストウはユタ大学医学部（メディカルスクール）に入るまで、日系人が抑留されていた収容所内での自治確立に向けて行動したという。二世の組織であるＪＡＣＬの一員として活動した思い出を、ストウはサリバンに伝えていたのかもしれない。マサオカとストウ。一世と二世が困難に直面した一九四二年から四三年にかけて、二人はソルトレークシティで共に行動していたのではないか。ただし、ストウは、マサオカのように国家への忠誠を雄弁に語って銃を手にとることはしなかった。沈黙を保ったまま自らの医学教育を成就する道を選んだのである。

ストウは一九四三年、ソルトレークシティのユタ大医学部に入学し、医学教育を再開した。幸いなことに、移住先のユタ州に初の四年制医学部が前年にできていた。ストウは四年制医学部の二期生に当たる。

ユタ大ではもともと生物学科に二年間の医学コースが創設され、医師を志す学生は二年間、基礎科学を学んだ後、臨床教育を受けるため州外の四年制医学部に編入する必要があった。ユタ大の評議会は四二年五月、四年制医学部新設を決め、二年制コースを終えた学生を新たな医学部三年次に編入させた。四四年九月には初の卒業生三十五人を送り出している。うち四人は女性だった。[*31]

大学は、ストウや家族が身を寄せるサンディの街から北へ約二十五キロ離れている。一家は、医学生のストウ、妻メアリー、四二年十月に生まれた長女エレン、母ヨシ、二歳下の弟マサオの五人暮らしだった。医師になる道を再び歩み始めたストウにとって、日々の暮らしを維持することは大変だったであろう。後年にヒューストンでストウ家の書生をしていた木本良亮によれば、メアリーは、畑仕事に加え、釣り客に魚のえさを売って糊口をしのいだと、サンディ時代の経験を語っている。

サンディには、アリゾナ州コロラド・リバーのポストン収容所に抑留されていたメアリーの肉親三人も合流する。公文書によると、弟ジョージ、妹アリスが四三年四～五月に収容所を出てサンディに身を寄せ、メアリーの父惟永伊之吉も四三年十一月に収容所からユタ州に移るが、四四年三月二十八日に七十歳で亡くなった。[*32] ソルトレークシティで発行されていた日本語新聞「ユタ日報」三月二十九日（水曜日）付の紙面には、伊之吉の逝去を伝える十行の記事と、遺族による「死亡通知」が載っている。[*33] 「鹽」とは塩のことで、鹽湖はソルトレークシティを指す。

ポストンから來鹽永らく郊外サンデーに居住の福岡縣人惟永伊之吉氏七十一歳は永らく病気中の處三月廿八日午前十二時十五分死去されたりと因て通夜を明金曜日卅一日夜八時より鹽湖クリスト教會に於て執行さるべしと

死亡通知
父伊之吉儀永らく病気中の處薬石効なく遂に昨廿八日午前十二時十五分死去仕候間此段生前辱知諸氏に御通知申上候

追て通夜を明卅日午後八時より卅一日午後二時より臨湖基督教會に於て執行可仕候三月廿九日

喪主長男　惟永惟爾
次女　仝　千恵
女婿　須藤　彌
仝　秀雄
外遺族一同

ストウは娘婿、須藤彌として登場している。「秀雄」とはメアリーのミドルネームである。また四月三日付紙面に掲載された「会葬御礼」の広告には、親戚総代として瀬知五郎の氏名がある。[*34] 瀬知は、ストウ一家がカリフォルニア州グアダルーペからサンディへ立ち退いた際に世話をしてくれた同胞だ。日々の暮らしが苦しくても、日米開戦に伴う立ち退きでカリフォルニア州を離れたストウ、コレナガ両家にとって、サンディは新たな出発の準備をする大切な場所であったに違いない。

ストウは四五年にユタ大医学部を卒業、医学博士号（MD）を取得し、卒後臨床研修に入った。卒業の正確な月日を示す資料は見当たらないが、ユタ大によると、卒業式は例年五月に開かれている。地元のソルトレーク郡総合病院でのインターン実習を終え、ユタ州から医師免許を取得したのは四六年七月一日である。このとき、ストウは三十三歳になっていた。その後、同病院のレジデント（研修医）となり、ユタ大医学部小児科のフェロー（奨学金付き研究員）に採用され、小児科医の卵として実験室の仕事にも携わった。

この間、ソルトレーク郡総合病院で看護師に講義をしたり、医学生の回診を指導したりしている。四六年九月十四日には次女チヨノ・ジーン（Chiyono Jean）が誕生した。

四七年九月、ストウは開業するため、メアリーと二人の娘を連れてソルトレークシティを離れ、ロサンゼルスへ移る。カリフォルニア州に戻るのは五年ぶりであった。一家の生計を立て、医学生時代に借りたローンを支払うためには、研究の余裕はなく、開業医として働かざるを得なかったようだ。四七年九月二十四日、カリフォルニア州から医師免許を取得した。

四七年十月十一日付全米日系市民協会（JACL）の機関紙「パシフィック・シチズン」[*35]は「ワタル・ストウ医師が開業」と短い記事で伝えている。

# 第三章　広島へ

## 一通の手紙

三十五歳のストウに大きな転機が訪れる。

原爆投下により廃墟と化した広島と長崎で、原爆放射線が人体に与える長期的な影響を調査する米国の機関、原爆傷害調査委員会（ＡＢＣＣ）。その現地要員として白羽の矢が立ったのである。

被爆地での勤務は、ロサンゼルスのムラセ・マサカズ医師にストウが送った一通の手紙がきっかけであった。かつてムラセの医院では、結婚前のメアリーが事務職員として働いていた。

一九四七年十月二十八日付の手紙（放射線影響研究所所蔵）は次のような内容である。

今日の新聞で全米科学アカデミー（ＮＡＳ）が海外での研究の要員として医学関係者を求めていると知りました。関心があるので、詳細を教えていただけませんか。私はユタ大小児科で二年半、研究を含め小児科の専門的な研修を受けています。子どもの栄養分野と幼児性下痢の生化学、治療面に、私の研究の関心はあります。私の研究生活では、血液学と臨床の生化学の訓練を重ねましたので、条件にかなうと考えます。私には、日本語を話し、きちんと書く知識があります。仕事の内容、給料、そして家族を同行させてよいのか教えてください。

追伸　私の名前を思い出せない場合には――私は旧姓メアリー・コレナガの夫です。ソルトレークではラリーの場所で何度か、ばったりお会いしました。私たちはつい最近、ロサンゼルスに移り、小児科を開業したところです。スコッティ・ツチヤから手紙を書くように言われました。

ムラセは一八八三年に愛知県で生まれ、一九一八年に渡米した。日米開戦前、日系一世指導者の社交クラブ「桜会」の会員であった。ムラセの妻アキコは高野山婦人会会長を務め、三八年には日本海軍との関係が深い古沢幸子に同行して日本を訪問し、日中戦争の傷病兵を慰問していた。米司法省は四一年十二月の日米開戦直後、敵性外国人としてアキコの身柄を拘束した。アキコはいったん釈放された後、四二年五月にはムラセ、子ども三人と共にアリゾナ州コロラド・リバーの強制収容所に入れられた。公文書によると、このうち、長女は四二年六月に交換船で日本へ向かい、ほかの家族は四五年九月から十月にかけて収容所を出た。ムラセとアキコ、長男の三人はロサンゼルスへ、次女はソルトレークシティへ向かったと記録されている。

ストウとムラセの接点は、メアリーであり、ムラセの次女がいたソルトレークシティであった。ストウにムラセへの連絡を指示したスコッティ・ツチヤとは、当時の全米日系市民協会（JACL）ロサンゼルス支部長である。ストウから手紙を受け取ったムラセは、全米研究評議会（NRC）の医学部門に所属するフィリップ・オーウェン博士に直ちに伝えた。[*36]

オーウェンはエール大で医学博士号を取得した医師で、ABCCの上部機関に当たるNRC医学部門で原子傷害調査委員会（Committee on Atomic Casualties）の責任者として、原爆被爆者調査の立案の中核を担っていた。

NRCは、一九一六年にウィルソン大統領の要請に基づきNASが設立した組織である。科学分野で米国最高の学術団体であるNASと政府を仲立ちする実働部隊であり、政府による政策立案などに専門的な見地から助言をしてきた。

オーウェンは素早く対応する。陸軍中尉として広島に派遣されていたABCCの現場責任者、ジェームズ・ニールに手紙を送り、ストウの存在を伝えた。NRCのレターヘッドが付いた手紙の中で、オーウェンは「ストウ医師はよい人物のようだ。話を進めたい」と述べている。ストウからムラセに宛てた手紙の写しを添え、ムラセがNRCの日系二世斡旋部門の責任者であることも明かしている。[*37]

ニールは当時、遺伝学の博士号を持つ数少ない軍医であった。四七年九月にはABCC所長代理に任命された。のちに七万人を超える広島、長崎の新生児を対象にした大規模遺伝調査を立案、実行し、人類遺伝学者として原爆放射線が被爆者の子どもに及ぼす遺伝的な影響の有無を生涯を通して追究することになる。ＡＢＣＣの活動、その後継機関である放射線影響研究所の研究内容を考える上でキーパーソンの一人である。

## 調査の始まり

ＡＢＣＣは、どんな経緯で設立されたのか。表向きの説明を要約すると、次の通りである。

米国政府は四五年九月から十二月にかけて、科学者からなる調査団を日本へ派遣し、日本側科学者の協力を得て日米合同調査団として原爆投下の被害を詳細に調査した。この調査結果に基づき、トルーマン大統領は四六年十一月、米国最高の学術団体である全米科学アカデミー－全米研究評議会（ＮＡＳ－ＮＲＣ）に対し、原爆が被爆者に与えた医学的影響を長期に調査、研究すべきだと指令した。ＮＡＳ－ＮＲＣは、米原子力委員会（ＡＥＣ）の資金で広島、長崎に現地の調査機関ＡＢＣＣを設置し、広島では四七年三月から、長崎では四八年七月から本格的な活動を始めた。（ＡＢＣＣ－予研共同研究総括報告書）*38

しかし、こうした説明に対し、科学史研究者の中川保雄は疑義を唱えた。ＡＢＣＣが純粋に学術的な組織であると主張するために、都合のよい事実だけを述べたものだとし、「あえて言えば、歴史の改竄である」と厳しく批判する。ABCCの設立は、日米合同調査団を指揮した米陸海軍の軍医総監が、マンハッタン計画以来密接な協力関係にあったNAS－NRCに対し、原爆放射線による晩発的影響研究の組織化を要請したのがきっかけである、と指摘している。[*39]

また、在野の科学史家であった笹本征男は、連合国軍最高司令官総司令部（GHQ／SCAP）などの資料を精密に読み解いた著書『米軍占領下の原爆調査――原爆加害国になった日本』の中で、米陸海軍とNRCとの密接な関係を明らかにしながら、ABCC設立の経緯を詳述している。実はトルーマン大統領のABCC設立指令前の四六年十一月四日にNRC、陸軍、海軍の三者の代表による「五人委員会」が会合を開き、五人委員会による調査団が同二十五日には東京に到着していたのである。[*40]

五人とは、オースティン・M・ブルース（シカゴ大の内科医）、ポール・ヘンショウ（マンハッタン管区クリントン研究所の細胞生物学者）という放射線被曝研究の権威二人と、ジェームズ・ニール（陸軍中尉）、メルヴィン・ブロック（陸軍中尉）、フレデリック・ウールリッチ（海軍中尉）の若い軍医三人であった。

この五人こそが「ABCC」の原点である。ニールは自伝の中で「あらゆる活動には名前が必要だった。私たちは自分たちを『原爆傷害調査委員会』（ABCC）と呼び、この言葉がその後に展開する全活動に適用されることになった」[*41]と述べている。

ニールは一九一五年三月二十二日、オハイオ州ハミルトンで生まれた。ニューヨーク州のロチェスター大の大学院で、ドイツ生まれのユダヤ系遺伝学者カート・スターン教授に師事し、ショウジョウバエを研究対象にした研究で三九年に博士号を取得した。四四年九月には医学部を卒業して医師となり、四五年八月の「対日戦勝利」は、大学病院であるストロング・メモリアル病院の研修医（アシスタントレジデント）として迎えている。

ロチェスター大は、ニューヨーク州西部、五大湖の一つ、オンタリオ湖岸に位置する工業都市ロチェスターにあり、原爆を開発したマンハッタン計画医学部門の拠点である。放射線学の主任教授スタフォード・ウォーレン（Stafford Warren）は陸軍大佐となり、マンハッタン計画医学部門の責任者を務めた。ストロング・メモリアル病院では、四五年十月から四六年七月にかけて十一人の患者にプルトニウムを注射する人体実験が行われたことが、ニューメキシコ州の新聞「アルバカーキ・トリビューン」のアイリーン・ウェルサム記者のスクープで暴かれている。

ニールは軍医となり、マサチューセッツ州の陸軍病院に勤務したが、四六年十月末、異動を命じられる。首都ワシントンの国防総省に出向いたニールに直接言い渡された転属先は、「マンハッタン工兵管区」（ＭＥＤ）であった。原爆開発を指揮してきたＭＥＤは四七年一月一日には原子力委員会（ＡＥＣ）に衣替えする。

ニールは自叙伝で異動について、こう記している。

広島、長崎を調査する予定である二人の民間放射線学者を支援し、原爆の晩発的影響についての研究計画に関し全米科学アカデミー（ＮＡＳ）に助言せよ、との命令であった。二十四日後には日本へ向かっていた。それまでの間に、国防総省とＮＡＳで時間を費やした。国防総省ではトップシークレットとされていた広島、長崎の人々や建物の被害、影響に関する文書を含め、放射線影響の関連文書を読みあさった。広島、長崎での追跡調査・研究を策定する責任を負う予定のNASでは、爆弾の構造を理解しようと試みたのと同様に、短期集中コースで勉強した。[*42]

このときニールは三十一歳。「トップシークレット」とは、MED、米陸軍、海軍、そして東京帝国大学医学部の都築正男ら日本側で構成された日米合同調査団による原爆被害報告書であった。報告書はその後、機密指定が解除され、被爆十一年後の一九五六年に『日本における原爆の医学的効果』との題名で出版されるが、四六年秋の時点では「まだトップシークレットであり、私たちのバイブル」（ニール）[*43]であった。

被爆者調査の立案に向け、ABCCの予備調査が始まる。ニールは四六年十一月二十一日に首都ワシントンを出発し、カリフォルニア州の空軍基地で他の四人と合流した後、軍用機で日本に到着した。「私たちの小グループは、もやのかかった四六年十一月二十五日の早朝、日本に到着した。放射線影響の分野でのVIP二人と、とても若い医官三人である」（ニール）。「VIP二人」とは、ブルース、ヘンショウであり、「若い医官」とはニール、ブロック、ウールリッチであった。

五人は、実験室と居住スペースを兼ね備えた鉄道客車三両に乗り、十二月四日に東京を出発し、広島、長崎へ向かった。客車は東京・丸の内にあった米陸軍第四〇六総合研究所が用意した改造客車であり、占領下の日本で深刻な疫病が流行した場合に備えたものであった。

一行には都築正男が同行した。都築は戦前にペンシルベニア大留学を経験し、ウサギへのエックス線照射などの研究実績がある外科医であり、終戦時は東京帝国大学医学部教授と海軍軍医中将を兼ねていた。日米合同調査の日本側中心人物であったが、四六年八月には公職追放となり、東京帝国大学教授を辞職していた。

一行は十二月二十二日に東京に戻るまで十八日間にわたり、京都、大阪、呉、広島、福岡、長崎を訪ね、大学教授や行政関係者らとの面会を重ねた。翌年一月、ブルースとヘンショウと、重い結膜炎を患ったウールリッチは米国へ帰国するが、ニールとブロックは日本に残った。

ニールは広島赤十字病院で血液学的な調査を始め、遺伝的影響調査の立案を進め、ブロックは被爆者のケロイドを調査した。一方、NRCは五人による予備調査の結果を踏まえ、四七年三月二十五日、日本側の被爆者調査の実態などをまとめた「ABCC総合報告書」を発表した。

ここで注目したいのは、NRCが首都ワシントンで連邦政府や軍の意向を受けながら被爆者調査を管理し、三十代の若い医師、研究者を現地責任者として日本へ派遣するという構図である。それは、現地調査機関であるABCCとNRCの関係を如実に表している。ストウは、こうした状況の下で広島、長崎と関わり始めるのである。

## 推薦状

NRC医学部門のオーウェンはストウの採用に向けて動き出す。

調査票に対し、ストウは四七年十二月六日付で回答した。住所は「ロサンゼルス　ポメロイ通り二四七九」、職業は「開業医（Private Practice）」と回答した。もっとも早く任務に就けるのはいつかとの質問に対しては「一九四八年一月以降、通告後一カ月」と答えていた。

興味深いのは「あなたの専門的、技術的な適性、能力を知る人で、照会可能な人物を少なくとも三人挙げてください」との質問に対する回答だ。ストウは、医学教育を受けたユタ大や研修先のソルトレーク郡総合病院の医師ら四人を挙げた。その四人とは、ジョン・アンダーソン（ユタ大医学部小児科教授）、ロバート・オールウェイ（ソルトレーク郡総合病院小児科）、ルイス・ゲバート（ユタ大医学部微生物学教授）、M・ウィンローブ（ユタ大医学部内科教授）――である。いずれも、オーウェンの照会を受け、推薦状を書き、その中でストウの人物評価を下している。

後年、スタンフォード大に移り、ストウと一時期、共同研究をするアンダーソン教授の推薦状を見てみよう。

ストウ医師はユタ大をトップクラスの成績で卒業し、ソルトレーク郡総合病院小児科で一年間インターンシップに従事しましたが、その頃、私はストウ医師の能力を観察する最良の機会に恵まれました。彼の働きぶりは紳士的で、礼儀正しく、勤勉です。日系でありながら、戦時中、人種的な偏見を示されたことは一度もありませんでした。これは、ストウ医師が真のアメリカニズムを身につけ、他者に対し親切で礼儀正しい態度を取ったからであると私は信じます。

インターンとして飛び抜けた能力を持ち、経済的な問題もあったので、私はインターンシップの翌年、小児科の研究員に登用しました。彼は「子どもの脱水症状を定量化する」との課題に、半年間、研究室で取り組みました。（中略）ストウ医師は、独創的な考えの持ち主、注意深く入念で正確な働き手、そして完璧な研究者たり得ることを証明しました。

教育を受ける過程で生じた負債を返済するため、ストウ医師が開業しなければならなかった点を私は悲しみますが、日本再建の仕事に応募したと聞いて喜んでいます、調査の分野での経験は限られていますが、人物、適性、学術的な能力の点でさらに適した人物は見当りません。彼が日本人であるので、日本での計画により多くの貢献ができると思います。日本へ派遣するに最も望ましい人物です。なぜなら、彼はアメリカの生活様式を志向し、臨床の研究または実験室での研究のいずれでも力を発揮する人物だと考えられるからです。[*44]

ストウを一番身近で見てきただけに、アンダーソン教授の評価は興味深い。アンダーソン教授はストウの「経済的な問題」「教育を受ける過程で生じた負債」にも言及しており、ストウが借金返済のため、大学を離れ、開業したという事情をつかむことができる。

物静かでいつも紳士的な態度を保ち、自分から積極的に発言はしないが、実務能力には長けている——。四人の推薦状から浮かび上がるのは、そんなストウの人物像である。他者を楽しくさせ、誰からも好かれたという点でも、四人のストウ評は一致していた。経済的な困難と向かい合い、日米開戦に伴う立ち退きを経験しながら、医師を目指したストウの実像が垣間見える。

## 不思議の国、日本

ストウは一九四八年五月十五日にABCCに採用され、コロラド大学などで研修を受けた後、同年七月、ロサンゼルスの自宅を離れ、単身で日本へ向かった。シアトルを飛び立ったのは七月十日のことである。広島、長崎で被爆者調査の渦中に放り込まれ、自国が使用した核兵器によって傷付いた小さないのちと向かい合うことになる。

全米日系市民協会（JACL）の機関紙「パシフィック・シチズン」は同月三日付の紙面[*45]で「ストウ医師、被爆者調査へ出発」との見出しで短い記事を載せている。

デンバー発　ソルトレークシティに以前住んでいたワタル・ストウ医師が八日、広島の被爆者に対する小児科学的な研究に携わるため、日本へ向けて出発する。研究は米政府による医学プロジェクトの一部である。ストウ医師はコロラド大医学部での準備作業を終えて、デンバーを離れたところだ。

シアトルの日系英字紙「ノースウエストタイムズ」も七月十日付[*46]で「広島行き」の見出しを付けた短信を載せ、「原子力研究に配属されるため広島へ向かう途中、当地に滞在していたロサンゼルスのワタル・ストウ医師は、きょう土曜日、アラスカ州アンカレッジ経由で広島へ向けて飛び立った」と伝えている。米国が人間に対して初めて使用した核兵器。広島、長崎の人々にもたらされた計り知れない苦痛や健康面の悪影響を、日系二世の医師が調べに行く。そんな構図が、日系社会の関心を集めたに違いない。

ストウは、呉市広町にあった「ノースキャンプ」と呼ばれる進駐軍向け宿舎で暮らし始める。四八年十一月には妻メアリー、長女エレン、次女ジーンの三人がロサンゼルスから合流した。

被爆三年後の広島の街は、ストウの目にどのように映ったのだろうか。赴任して半年近くが経った四八年十二月二十八日付で、ストウはコロラド州デンバーの小児科医アルフレッド・ウォッシュバーンに手紙を書いている。

> 数日遅くなってしまいましたが、世界一周の中間点から、小児調査協会（The Child Research Council）のみなさんとあなたに時候のご挨拶を申し上げてもよろしいでしょうか。十一月に合流した妻と子ども二人も、よろしくお願いしますと申しています。妻子はあなたとお会いしていませんが、博士と奥様、マレシュ医師とご主人、スタッフの方々のことをよく話していますので、妻子にはおなじみなのです。特に不思議な国の、孤立した片隅で過ごす今、気分が高揚している様子です。
>
> 国を離れてから六カ月が経とうとしています。日本は景色が美しく、古風で趣のある、珍しい場所がたくさんあります。「民主化」方策への人々の反応はまったく予測ができないように見えますが、多くの人々は学びたいと願っているようです。公衆衛生の状態は、占領関係者の努力が実り始めているにしても、ひどく原始的です。*47

ウォッシュバーンはストウの来日直前まで、子どもたちの成長と発達に関する調査についてストウに研修を施していた専門家の一人である。「不思議な国の、孤立した片隅」という表現に、両親が生まれ育った敗戦国に暮らす日系二世の戸惑い、寂寥感がにじみ出ている。トイレを含め公衆衛生の状態が米国に比べ劣悪であった点も指摘している。

この書簡の中で、ストウはＡＢＣＣの現状、自らの仕事の内容に触れている。

ＡＢＣＣのスタッフは、今や、かなりの規模になっています。ご存じだと思いますが、遺伝研究プログラムがこの一年前進し、次第にギアを上げています。遺伝統計グループは広島、長崎、呉でのすべての妊娠を登録し、それぞれの結果を確認したいと希望しています。この目標はほとんど達成されようとしています。途方もなくたくさんの、重要な医学統計が、このヘラクレスのような任務から生まれるに違いありません。

私の担当では、九月にグルーリックの一行が到着して長崎の子どもたちの成長と発達調査を始めるまで、ほとんど動きませんでした。ＡＢＣＣの規則に従って、完全な医学・臨床検査が六百人の学童に対して行われました。医学的な検診の内容は、病歴、居住や放射線被曝の状態、身体計測、性的成熟度の評価などです。実験室での検査は尿、血液、便、胸、手首、ひざ、足のエックス線撮影などです。[*48]

当時、ＡＢＣＣでは七万人を超える新生児を対象にした大規模遺伝調査が動き始めていた。一方、ストウが担当する小児科部門では、被爆した子どもたちの成長と発達状態を調べる調査が始まっていた。調査を主導するのは、スタンフォード大医学部解剖学教授の自然人類学者、ウィリアム・ウォルター・グルーリック（William Walter Greulich）である。

グルーリックは前年九月に、広島、呉、長崎、佐世保で小学生ら約千人を対象に予備調査を行った。四八年秋に再来日し、長崎の子どもたちを継続調査している。ストウは来日直後の四八年夏から秋にかけて、グルーリックによる長崎調査の準備、支援に追われていた。グルーリックによる調査の全容については後で詳述する。

## 初期ＡＢＣＣ小児科

ストウは「原爆に被爆した広島の子どもたちを対象にした医学研究の概略一九五一―五三年」[*49]と題した報告書をまとめ、四八年から五四年にかけてストウがＡＢＣＣで関わった調査の内容、結果を、歴史的な観点も交えて解説している。報告書を基に初期ＡＢＣＣ小児科の活動をおさえたい。

広島市南部、宇品港にある「凱旋館」に設けられた仮設の診療所で四九年三月十四日、子どもたちに対する検診が始まった。ひとりひとりの調査対象者を医学面で詳細かつ継続的に調べる方針をとった。当時のスタッフは米国人小児科医一人（ストウ）、日本人医師二人である。

四九年四月、小児科の調査計画に、すでに始まっていた血液学調査の対象者が加わり、詳しい

1949年12月、ABCC小児科時代のストウ医師（提供：放射線影響研究所）

臨床検査が行われるようになる。同年五月二十三日には広島市の東にある呉市で小児科検診が始まった。呉市の子どもたちが、被爆した広島市の子どもたちに対する「外部コントロール」（比較対照群）として設定されたからである。

四九年八月には、二人の米国人医師が赴任する。女性小児科医のジェーン・ボージェイス（Jane Borges）と夫の血液学者ウェイン・ボージェイス（Wayne Borges）である。ジェーンは呉での診察の責任者となるが、その後、胎内被爆調査に大きな役割を果たした。ウェインは広島赤十字病院の小児科医、山脇卓壮とともに白血病の確認に力を発揮する。

同年十二月には、大阪大学歯学部から口腔外科医がＡＢＣＣ小児科に加わった。

五〇年四月には爆心地から一千メートル以内で被爆した広島の子どもたちに対する検診

が始まり、七月には広島の胎内被爆児の検診も始まる。

一方、四九年六月には生物統計学者がＡＢＣＣのスタッフに加わった。被爆地広島に対し、比較対照地域として呉を位置付けてきた調査のデザインが一変することになる。被爆した広島の子どもの「成長と発達」に原爆が影響を及ぼすかどうかを確かめるため、呉の子どもが「外部コントロール」（比較対照群）として設定されていた。生物統計学者らがその妥当性を議論した結果、比較対照群は広島に設定した方がよいとの結論に至り、呉での小児科検診は五〇年九月に終了し、スタッフは広島に移った。

五〇年十月、小児科スタッフと生物統計学者との協議で、比較対照群を「原爆投下時に広島市内に不在で、四六年十二月三十一日以降に広島市内に入った者」と定義した。ところが、五〇年十月に決めた比較対照群の妥当性に再び疑義が出て、五四年一月になって爆心地から三〜三・五キロで被爆した子どもたちを比較対照群とすることになった。[*50]

被爆者調査における比較対照群の設定の妥当性は、現在も論議が続く問題である。遠距離被爆者を「非被爆者」とし、比較対照群に位置付けた妥当性が原爆症認定訴訟などで問われている。爆心地から三〜三・五キロで被爆した場合、確かに爆発時の初期放射線の被曝線量は小さい。しかし、遠距離被爆者であっても、放射性降下物である黒い雨を浴びたり、肉親を捜すため被爆直後に爆心地に入ったりした場合、残留放射線の影響は無視できない。にもかかわらず、遠距離被爆者を「非被爆者」として扱ってきた調査の在り方に疑義が投げかけられている。

五一年六月には自然人類学者のアール・レイノルズ（Earle Reynolds）が、「成長と発達」調査に顧問として加わる。当初、半年程度の短期滞在の予定だったが、滞在を延長し、「成長と発達」調査の責任者となった。五四年三月のビキニ事件をきっかけにＡＢＣＣを離れ、反核活動家になった異色の学者である。

初期ＡＢＣＣ小児科の活動は、①成長と発達②胎内被爆③近距離被爆――に重点が置かれた。

第一に、子どもたちの成長と発達を調べることを目的とする調査プロジェクト「ＰＥ18」が動き始めた。研究計画は四八年十月に承認されている。研究責任者はストウで、顧問にグルーリックが入っている。まさに、グルーリックに追跡データを提供するためのプロジェクトである。同じ調査対象者の被爆状況や臨床検査などの記録を収集し、分析するため、別の研究プロジェクト「ＰＥ30」も設けられたが、五一年一月に統合された。「成長と発達」の実質的な責任者はグルーリックに代わって自然人類学者アール・レイノルズが務め、五四年に「広島原爆被爆児童の成長及び発育」と題した報告書をまとめた。

比較対照群の定義が大幅に変更されたのに伴い、「ＰＥ18」は五三年十二月三十一日に終了し、研究デザインを更新した「ＭＥ74」に調査は引き継がれた。「ＭＥ74」の責任者の一人はストウの後任、ロバート・ミラー（Robert W. Miller）である。後に米国立がん研究所で疫学の権威となり、マーシャル諸島の被曝者補償制度の創設に医学面から協力した人物だ。

第二に、妊娠三カ月以内の胎内で被爆し、生まれた子どもたちを対象にした調査「ＰＥ52」は、原爆がもたらした最も重大な後遺症の一つである原爆小頭症の存在を明らかにした。

調査計画は五〇年七月二十七日に承認され、翌年にかけて広島の胎内被爆児二〇五人を対象に検診が行われた。調査対象は、四六年一月一日から五月一日の間に生まれた子どもたちである。日本人医師が母親の被爆場所や吐き気、脱毛などの放射線被曝急性症状の有無などを聞き取り、四歳六カ月になった時点でＡＢＣＣに来てもらい、米国人医師が綿密な検診をした。妊娠三カ月以内に母体に異変が起きた場合、胎児に大きな影響を及ぼすと考えられたからである。

調査対象二〇五人のうち、原爆投下時に母親が爆心地から一・二キロ以内という近距離にいた胎内被爆児は十一人で、このうち七人に精神遅滞がみられた。この七人の頭囲は三八・四〜四五・六センチで、厚生省発表の四、五歳児の平均頭囲（男児五〇・二センチ、女児四九・三センチ）や調査対象の正常児一七一人の平均頭囲（四八・六センチ）に比べ、著しく小さかった。

この調査は、胎内被爆と、精神遅滞を伴う小頭症との相関関係を突き止め、五二年に米国小児科アカデミーの学会誌に掲載されたジョージ・プルマー（George Plummer）の論文につながっている。

「ＰＥ52」の責任者はジェーン・ボージェイスであり、研究計画がＡＢＣＣ内で承認される七月二十七日の時点で、ストウは一回目の広島勤務から既に離れていたが、計画段階で関与していたのは間違いない。「ＰＥ52」の調査結果はＡＢＣＣ内部にとどまらず、米国の学会誌に報告された。プルマーは学会誌に掲載された論文の謝辞でこう述べている。

著者（プルマー）は、初期ＡＢＣＣ小児科プログラムにおいて小児の間に小頭症が頻発している点に気付いたジェーン・ボージェイス医師に負うところが多い。米国人スタッフであったワタル・ウォルター・ストウ、ジョン・ウッドの両医師による素晴らしい仕事にも大変感謝している。ABCCの日米両国の職員によるご支援に対しても同様である。[*51]

プルマーは「PE52」で判明した事実をABCCやその資金源である米原子力委員会内部だけにとどめず、米国小児科アカデミーの学会誌に発表した。インターネットが発達した現在なら、こうした学会発表は直ちに日本国内に伝えられるだろうが、敗戦後の占領が終わったばかりの日本では、こうした重要な科学論文の内容をつかむ手段は極めて限られていたといえる。

広島の地元紙中国新聞社がまとめた『年表ヒロシマ　核時代五〇年の記録』によると、原爆小頭症の子を持つ親たちの会「きのこ会」が発足したのは六五年六月二十七日である。会員八人で発足した同日の会合の様子について記事は「二十年間黙って耐えてきた父親や母親の苦労が話し合われ、これからは手をつないで運動を進めていくことを申し合わせた」と伝え、きのこ会結成の推進役が同年春から原爆小頭症問題に取り組んできた山代巴らの数人のグループであった点に触れている。[*52]ルポ集『この世界の片隅で』（岩波新書、一九六五年）の執筆者たちである。

プルマーの論文の内容や「PE52」の調査結果がどのような形で広島、長崎の市民に伝えられたのか、十分に検証する必要がある。それは科学ジャーナリズムの役割を考えるうえでも重要な意味を持っている。

第三に、近距離被爆である。「PE49」のコード名が付いた調査が、五〇年四月から七月にかけて実施された。「Thousand-meter Children（一千メートルの子どもたち）」との標題が付いた調査で、責任者はストウとジェーン・ボージェイスであった。爆心地から一千メートル以内の近距離で被爆した広島の子どもたち一三九人と、比較対照の一三七人を診察し、既往症、放射線被曝急性症状、健康状態を調べた。五二年十二月三十一日付でストウは「PE49」の調査報告書[*53]をまとめている。その中には「PE18」と同様に「骨年齢」「性的な成熟」の項目がある。調査の過程で子どもたちの左手首のエックス線写真を撮影し、あるいは裸にして胸や恥毛の状態などを調べていたのである。

## 日系米国人への差別と疎外

遺伝部門の現地責任者として四九年に広島へ赴任した遺伝学者のウィリアム・J・シャルは、ABCCが活動を始めたころの広島の街を次のように描写している。

壊滅状態であった市の中心部には、にわか造りの家屋が所々に建ち、ビジネス街であった場所には日赤病院や山口銀行など、原爆の爆風に持ちこたえ補修された鉄筋コンクリートの建物がちらほら見られるだけだった。当時百メートル道路と呼ばれていた平和大通りには草も木も生えておらず、干上がった地面が露出した幅三〇〇フィートの道路で市内が北と南に分かれていた。

市内の交通手段では忍耐力と度胸を試された。たまに路面電車やバス（木炭バスが多かった）が走っていたが、バタバタ（オート三輪）タクシーもあり、恐れを知らない者には自転車もあった。多くの橋が破壊され、あるいは損傷を受けていたため、回り道をしなければならなかったので、市内を東から西へ移動するという単純なことでさえ一苦労だった。（放射線影響研究所ニューズレター「ＲＥＲＦアップデート」二二巻一号、二〇一一年）

ストウの長女エレンは六歳の学齢期を迎えたが、占領軍関係者向けの学校へ入校するのを拒否された。五〇年七月の帰国まで学校に通えず、米国から取り寄せた教材を使って、母メアリーから読み書きを習った。占領下、広島に進駐した英連邦占領軍の主力は白豪主義をとるオーストラリア軍であった。オーストラリア人には日本人と呼ばれ、日本人には米国人と呼ばれてつばを吐きかけられ、つらい体験が幼心に傷痕として残ったのである。

ストウの約一年後に赴任した二世の小児科医、ジェームズ・ヤマザキの場合は住宅の問題であった。四九年九月に妻と生後五ヵ月の息子を連れて横浜に着いたのだが、事前の約束に反し、住宅が確保されていなかった。第二次大戦中、欧州戦線に従軍し捕虜経験もあったヤマザキは、次のように回想している。

ストウ博士も日本に到着してすぐ憂き目を見た。地区を統治していた英連邦占領軍（ＢＣＯＦ）が日系アメリカ人の子弟がＢＣＯＦの学校へ入学するのを認めなかったため、博士がＡＢＣＣに在職した二年間、博士のお嬢さんは学校へ行くことができなかったのである。戦闘を経験した兵士であり、またドイツ軍の捕虜にもなった自分としては、学術会議（ＮＲＣ）

が支援する任務に携わる者がこのような人種差別にあっていいのかと愕然とし、また怒りを覚え、ABCCの最初の二人の所長、カール・テスマー中佐とグラント・テイラー博士に意見を述べた(「RERFアップデート」英語版第四巻三号、一九九二年、翻訳は放影研)。

当時、米軍の制服を着用した場合を除けば、日系米国人は英連邦占領軍の関係施設への出入りを禁じられていたとされる。遺伝学者のシャルも「長崎は米軍の占領下にあったが、広島は英連邦占領軍の下にあった。この違いは大抵の場合問題はなかったが、住居と物品購入については幾つかの制限があった」と記している。

ストウは車やバスで通勤したようである。長女エレンには、こんな思い出がある。

父が運転する車に乗って、広島市内をドライブしていると、瓦礫がそのまま残された建物を父が指さした。

「いいかい、これが『瓦礫』(Rubble)と言うんだ」

それは、原爆ドームだったのかもしれない。差別のために学校へ行けないエレンに、原爆で破壊された建物を見せ、語彙を増やそうとしたのである。

渋滞する車の長い列に出合ったとき、ストウは娘に「これが『キャラバン』(Caravan)だよ」と教えた。

「父はいつも、そして永遠に一人の教師でした」とエレンは言う。

テキサス医療センター図書館のABCCアーカイブズには、当時のストウ一家を撮影した写真が所蔵されている。その中に、一九五〇年撮影のエレンの写真がある。頑丈そうな乗用車を背に、ワンピースに上着を羽織り、ポーズをとっている。隣の男児は、ＡＢＣＣに勤務する日系米国人写真家の子息ケニーである。また、五〇年六月撮影の妻メアリーの写真もある。広島から帰国の途につく日に隣人から笑顔で花束を受け取る様子が収められている。

米国市民でありながら、日米開戦の後、立ち退き、内陸部への移住を強いられ、医学教育の中断を余儀なくされたストウ。医師となって赴任した父母の祖国でも差別と疎外が続くが、ヤマザキのように猛然と抗議するわけでなく、怒りを抑え、むしろ状況に従った。占領軍の子弟向け学校への入学を拒否された長女エレンのために、妻メアリーとともに教師役を務めた。

疾風に勁草を知る……。ストウ夫妻の姿は、激しい風にそよぎながらも倒れない草のようである。どんな困難に出合おうとも、歩み始めたばかりの道を何としても進む意志を持っていた。のちに夫妻は、ヒューストンで数多くの日本人若手医師、留学生に物心両面で援助の手を差し延べる。その温かさは、医学生時代に経済的な苦境を瀬知五郎ら日本人の同胞に助けてもらった体験に由来していると言ってよい。戦争に敗れ、焼け野原になった日本から米国へ、医学を学びにやってきた若者たちに、自らの青春時代を重ね合わせていたのかもしれない。

## 民から軍へ

ＡＢＣＣの後継機関である放射線影響研究所（広島市、長崎市）に残る資料によると、ストウのＡＢＣＣ在職期間は四八年五月十五日から五〇年七月十日までの二年二カ月と、五一年十一月三日から五四年五月十八日までの二年六ヵ月の二期に分かれている。[*54]

いずれの期間も小児科の責任者を務めたが、身分は異なる。四八年から五〇年までは米市民権を持つ民間人として、五一年から五三年三月までは米陸軍軍医大尉の軍籍を持ち、五三年三月に除隊し、再び民間人の身分に戻った。

ストウが最初の任務を終え帰国した五〇年七月は朝鮮戦争の勃発直後で、韓国軍と、米軍主導の国連軍が退却を続けていた時期である。ストウは帰国後、サンフランシスコ近郊のレッドウッドシティに居を構え、母校のスタンフォード大医学部小児科でフェローシップの課程に入り、小児科教授ジョン・アンダーソンとの共同研究を始める。

アンダーソンは、ユタ大でストウを教え、ABCC就職の際にも推薦状を書いており、ストウの勤勉さ、研究者としての素質を高く評価していたようだ。ミネソタ大出身で、四三年にユタ大医学部教授となり、四九年にはスタンフォード大に移っていた。

しかし、スタンフォード大での研究生活は長く続かなかった。朝鮮戦争が長引くなか、五〇年十二月二十日付で陸軍軍医大尉として予備役編入となり、五一年四月二十一日、陸軍に徴兵されたからだ。

ストウは「アンクルサムが私の手を取った」とユタ大医学部の同級生らへの手紙で表現している。[*55]当時、医師ら学位を持つ専門職らを徴兵する制度が創設されたばかりであった。

三十八歳のストウは軍服に袖を通し、テキサス州サンアントニオで訓練を受けた後、カリフォルニア州中部のキャンプ・ロバーツにある陸軍病院に勤務する。第二次世界大戦中、ストウは従軍せず、立ち退き先のユタ州で医学教育を再開する道を選んでいたから、初めての軍隊経験であった。五一年十一月七日には、再び広島のABCCに赴任する。記録によれば、契約期間は「二十四カ月」であった。*56 ストウは「制服を着て、安い給料で同じ仕事をすることになった」と友人に伝えている。*57

ABCCへの再赴任の背景には、研究職の人材不足というABCC側の事情と、「被爆した子どもの成長と発達」に関する研究を続けたいというストウの意向、そして一家の経済的な事情があったとみられる。

ストウは、妻と三人の子どもを抱えての二重生活を余儀なくされ、軍の給与ではとても生活ができない状況に追い込まれていた。五一年九月六日付で軍務の現役解除（Release from Active Duty）を申請する。*58

申請の中でストウは「貯蓄は完全に尽きました。現在の収入では家族の健康と福祉を損なわない限り、支出を補うことはできません」と述べ、十分な収入を得るため、開業医に戻りたいと切実な希望を述べている。申請書で示された一家の一カ月分の出費は次の通りである。

| | |
|---|---|
| 家賃など | 四〇〇ドル |
| 自動車ローン（一二回以上） | 七二・九ドル |
| JACLローン（一四回以上） | 三六・四四ドル |
| 個人の支出 | 一三〇ドル |

合計六三九・三四ドル

その他返済が中断したローン

SFN銀行　八〇・八七ドル

ジョージ・コレナガ（義弟）　三〇〇ドル

スエ・フジイ（義妹）　三〇〇ドル

マサカズ・ムラセ　二三〇〇ドル

合計二九〇八・八七ドル（原文のまま）

申請によれば、軍の給与は月五二一ドルにすぎなかった。五一年八月二十八日の時点でストウの手元にある現金は、わずか四〇・五四ドルであった。

借入先はJACL（全米日系市民協会）、義弟、義妹、そして妻や義妹のかつての勤務先であったムラセ医師であり、ストウの医学教育が親類や同胞にも支えられていたことがよく分かる。

同じころ、ABCCを管理する全米研究評議会（NRC）医学部門の座長ミルトン・C・ウィンターニッツは、陸軍軍医総監の少将ジョージ・E・アームストロングに書簡を送った。ウィンターニッツは病理学者で、エール大医学部長を十五年間も務めた医学界の重鎮であり、ABCCの拡充に力を入れていた。

ワタル・W・ストウ大尉は、以前にABCC小児科に所属し、小児科と子どもの成長の担当部署の発展に寄与した。軍務の残りの期間、日本のABCCに配置してほしいという熱心な希望を表明しています。（中略）彼は、能力と同様に人柄が素晴らしく、ABCCの診察部門への復職を、NRCもABCCも大変歓迎したい。[*59]

米医学界の重鎮がストウのABCC再配置を軍医総監に働き掛けていたことが読み取れる。ストウはこうして五三年三月二十七日まで陸軍軍医大尉の身分でABCC小児科部長を務め、同日付で除隊し民間の立場に戻った。五三年四月十七日付でABCC所長のグラント・テイラーと交わした契約書によると、基本年俸は一万ドルである。軍医のときに比べ、収入は一・六倍になった。

朝鮮戦争さなかの五二年六月には、軍用機で日本からサンフランシスコへ飛び、米国小児科専門医資格試験の口頭試問を受け、「ボード（Board）」と呼ばれる専門医の資格を取得している。

## 仮設診療所と皇太子

宇品の仮設診療所でストウと一緒に子どもたちの検診を行った日本人医師の証言がある。

「身体測定、血液から寄生虫まで、あらゆる検査を徹底的に行いました」

こう話すのは、福岡市の小児科医、金光正剛[*60]である。四五年に九州帝国大学医学専門部を卒業し、小児科の医局で助手として子どもの骨髄細胞の研究をしていた。長崎原爆投下のときには、九州大学病院で、搬送されてくる被爆者を治療した経験もあった。

金光は四八年十二月二十一日、広島のＡＢＣＣに出向き、ストウや所長のテスマーの面接を受け、[*61]四九年一月末に採用された。小児科部門と遺伝学部門の調査プロジェクトを本格的に始動させるのを前に、ＡＢＣＣは、被爆者宅を訪問して被爆時の状況を調査したり、診療施設で被爆者らを検診したりする日本人若手医師の確保を急いでいた。

面接を受けた日本人医師は三人いた。金光によれば、ほかの二人は「成果をすべて米国へ持って行かれるのでは研究ができない」とＡＢＣＣ就職をあきらめた。金光はＡＢＣＣでは大学の医局のような研究はできないと踏んだ上で、米国で血液学を勉強したいという一心でＡＢＣＣ勤務を決めたと話す。

敗戦後、医学を志す若手にとって米国留学は夢だった。

採用に当たっては、ストウが九州大へ出掛け、小児科教授の遠城寺宗徳に直談判をしている。遠城寺は後に医学部長、大学総長に上り詰め、久留米大学学長も務めた学界の重鎮である。遠城寺とストウはウマが合ったようだ。

教授室で遠城寺、ストウが向かい合い、こんなやりとりがあった。

「金光君は米国へ留学したいと希望していますが、かなえてもらえますか」

小柄だが、「詩吟部長」の異名もあった遠城寺は、よく通る声で単刀直入に要請した。ストウは即座に答える。

「カーネギーやフォードなどの財団から奨学金を得ることができると思います。お約束します」

ストウのひと言で、話は決まる。この後、別室でストウは金光に給料の額をドルで提示する。

「このぐらいでいいか」

「給料にはこだわりません。米国で勉強ができればいいのです」

金光はそう答えたが、内心、大変驚いた。「金額はもう覚えていませんが、小児科の医局の医師の数倍、地方の病院の部長クラスの二倍ぐらいありました」と回想している。

金光はストウと同じ部屋で机を並べた。お互い物静かな性格なので、沈黙が長く続くことが多かったが、別に気まずいわけではなく、雰囲気は明朗そのものだったという。

四九年四月六日には、昭和天皇の第一皇子である皇太子、明仁親王が宇品の仮診療施設を視察し、ストウや金光が子どもたちを検診する様子を見学した。

明仁親王は当時十五歳、新制高校に当たる学習院高等科一年に進んだ直後だった。このころ、クエーカー教徒の米国人家庭教師、ヴァイニング夫人から英語を学んでいた。ABCC視察の二カ月後には、ヴァイニング夫人と一緒に連合国軍最高司令官のマッカーサーと面会している。

明仁親王は、海軍士官服のような詰め襟の制服を着て、頭髪は短く刈りそろえられていた。

金光によると、ABCC所長のテスマーは明仁親王を玄関先に出迎えず、事前に金光に「挨拶をしなくていい」と指示していた。

ストウが子どもの身体計測をし、金光が診察をしているときに、明仁親王が診察室に現れた。

「金光医師は九州大小児科の遠城寺教授の教室出身で……」

テスマーが英語で金光を紹介した。「挨拶をしなくていい」と事前に指示されていたが、金光は直立不動の体勢をとり、最敬礼した。

「身体がいうことを聞かなかったんです」と、金光は振り返る。

明仁親王はこの時の広島訪問で、ＡＢＣＣのほかに、原爆で親を失った子どもたちが身を寄せる広島戦災児育成所も視察している。昭和天皇崩御に伴い第一二五代天皇に即位する四十年前の出来事である。高校一年生の明仁親王は、ＡＢＣＣや広島戦災児育成所で見た広島の子どもたちの姿を心に深く刻んだに違いない。

金光によると、子どもたちを対象とする臨床検査について「人体実験ではないか」との批判が広島市民の間で早くもささやかれていた。ＡＢＣＣ内部の会議では金光が「原子力を戦争のためではなく、産業に利用するための検査であると世に説明すべきだ」と持論を述べる一幕もあったという。しかし、占領下とあって批判が大きく広がることはなかった。「ドクター・ストウはいつも手帳を持ち、何か大事なことがあるとメモをしていました。もともと記憶力抜群。完璧な方でした」

こんな思い出もある。

文献探しのために古巣の九州大小児科を訪ねた金光に、教授の遠城寺が「ドクター・ストウはどんな人間か」と尋ねた。「彼は日本人と西洋人の良い所を凡て身につけたような人です」。金光が人物評を率直に述べると、遠城寺は不機嫌な表情を浮かべたという。遠城寺のストウに対する嫉妬のような感情が表れた一瞬だったという。

金光は五二年まで広島や長崎のＡＢＣＣで働くが、残念ながら病気のために療養を余儀なくされ念願の米国留学の夢はかなわなかった。金光は大学の医局に戻った後、五四年六月、地域住民の強い要請を受けて、博多に小児科医院を開業した。ストウとの親交は終生続いた。

# 第四章　傷痕

## 広島、長崎の子どもたちと手首のエックス線写真

一九四九年三月にABCC小児科のストウらが最初に始めた検診の対象は、スタンフォード大学医学部解剖学教授の自然人類学者、ウィリアム・ウォルター・グルーリックが四七年九月に調査をした広島の子どもたちであった。自然人類学は人類を生物学的に研究する学問で、遺伝学、生態学、解剖学、生理学などと境界を接し、ほぼ同じ意味で人間生物学（Human Biology）という用語も使われる。

グルーリックは、ABCCが本格的な活動を始める前に、広島、呉、長崎、佐世保の子どもたちの成長と発達状況を先行調査した。その経緯には謎が多く、いわばABCC批判を形づくる源

流に位置する。

ストウが前述の報告書「原爆に被爆した広島の子どもたちを対象にした医学研究の概略一九五一—五三年」の中で次のように述べている点に注目したい。

ABCCの研究は、グルーリック博士にこれらの子どもたちの追跡データを提供し、同時に子どもたちのより詳細な被爆状況や総合臨床的な状態を記録することを企図していた。[*62]

このくだりは、ABCC小児科の調査が暗中模索の状態で始まったことを物語る。と同時に、研究、臨床の両面で経験未熟なストウにとって母校スタンフォード大の教授であるグルーリックの存在は大きく、広島での仕事は半ば、教授の下働きのような内容から着手したことを意味する。

さて、被爆地の子どもたちの成長と発達にいち早く着目したグルーリックとはどんな人物であろうか。グルーリックは、新生児から思春期を終えるまで子どもの手や手首の骨の成長具合を分析し、「グルーリック・パイル(GP)法」と呼ばれる骨年齢特定方法を編み出したことで知られる。

骨年齢とは、暦の上での年齢とは異なり、骨の発達状態から判断される年齢を意味し、子どもの成長と発達を判断する上で重要な指標の一つである。

子どもの骨の両端には骨を成長させる軟骨細胞があり、エックス線で撮影すると、骨と骨の間の黒い切れ目のように写る。この切れ目は「骨端線」と呼ばれる。骨年齢が若いときには、骨端線は開いており、身長が伸びる。しかし、思春期になって性ホルモンが分泌されると、骨端線は徐々に狭くなり、骨年齢が女子で十五歳、男子で十七歳になると、骨が成熟して骨端線が閉じてしまい、背は伸びなくなる。こうした骨の発達具合は必ずしも、暦上の年齢とは一致せず、病気やホルモンの分泌、栄養状態に左右されるという。[*63]

グルーリックは一九五〇年にスタンフォード大出版会から標準図譜集“Radiographic Atlas of Skeletal Development of the Hand and Wrist”[*64]を出版した。「アトラス」とも呼ばれるこの図譜集には、骨年齢の標準として白人男児、女児の左手首と手のエックス線写真が掲載され、小児科の診療現場に大きな影響を与えてきた。患者の写真とこの標準写真と比較し、いわば絵合わせをすることで、患者の骨年齢を判断し、成長段階を特定できるからである。

この図譜集に、広島で被爆した男児の左手のエックス線写真が掲載されている。

図6―広島原爆から生き延びた八歳男児の手のエックス線写真。骨端線から一センチ離れた橈骨（腕の骨）の骨幹部に横断状に残る傷痕は、写真撮影の二年前の被爆時に受けた傷害により一時的に成長が阻害されたことに起因している。[*65]

図譜集の本文は次のように解説している。

図6は、広島原爆に被爆した八歳日本人男児の手の写真を複製したものである。一九四七

年八月に撮影された。骨端線から約一センチ離れた橈骨の骨幹部に濃い横断線が見えるが、おそらく、骨の成長が阻害された痕跡である。NRC（全米研究評議会）の原子傷害調査委員会（Committee on Atomic Casualties）の支援を受けて広島と長崎で私たちが研究した子どもたちの多くのエックス線写真は同様の傷痕を示した。こうした痕跡が示す成長の阻害は、撮影約二年前の原爆投下時の放射線やこのときに被ったさまざまな傷害によって引き起こされたと考えられる。

子どもの成長と発達に関する代表的な医学書に、なぜ広島の被爆児童のエックス線写真が掲載されたのか。一枚のエックス線写真から、ストウも深く関わった初期ABCCの活動の一端が浮かび上がる。グルーリックは四七年八月に来日し、同年九月末まで、広島、呉、長崎、佐世保で子どもたちの身長、体重を測り、性的な成長度合いを調べるために裸にして写真を撮影していた。さらに骨年齢をつかむため、左手首のエックス線写真を撮影したのである。

図譜集が「四七年八月撮影」とした広島の男児のエックス線写真は、実際には四七年九月に撮影されたものだろう。なぜなら、グルーリックが広島、長崎に向かって東京を出発したのは同年九月四日だからだ。占領下の日本で行われた調査には、連合国軍総司令部やABCCが全面的に協力した。調査対象となる子どもたちの選定にあたっては、ABCCのカウンターパートとして発足したばかりの国立予防衛生研究所（予研、現国立感染症研究所）、広島、長崎の教育関係者らの協力が不可欠だった。

当時、エックス線被曝の危険性などの告知が保護者らに十分なされていたのか。こうした調査の手法は「被爆者をモルモット扱いした」と指弾される被爆者調査の本質に関わる問題といえる。

## 調査の源流

ＡＢＣＣが大規模遺伝調査を始める前にひそかに行われた子どもたちの成長と発達調査は、ストウの採用とも深く関わっていた。ＮＲＣのオーウェンはロサンゼルスでストウを面接した後、一九四八年一月にストウへの書簡の中でグルーリックの名を出している。

追伸　デンバー滞在時に、あなたも間違いなくご存じの小児研究協会所長のアルフレッド・Ｌ・ウォッシュバーン博士と午後を過ごしたことがあります。私たちのスタッフに加わると決めたら、ウォッシュバーン博士とそのグループと一緒に子どもの成長と発達に関する特別な研究を一定期間することが、大変役に立つでしょう。（中略）短期間、スタンフォードでグルーリック博士と一緒に働く可能性に私が言及したことを思い出してください。サンフランシスコでグルーリック博士と会った際、彼と議論しましたが、彼はあなたと一緒に仕事をすることを大変喜んでいた様子でした。もちろん研究の準備段階でも有給のスタッフとして扱われるでしょう。[*66]

このとき、グルーリックは前年九月に広島、呉、長崎、佐世保で行った予備調査を終え、スタンフォード大に戻っている。本格的な調査に向け、米原子力委員会（AEC）の資金獲得などの計画を立案していた時期に当たる。

ここで、グルーリックの経歴を見てみよう。

一八九九年七月二十四日、オハイオ州コロンバスに生まれ、早くに両親を亡くし、夜、働きながら高校を出て、一九二六年に地元のケニヨンカレッジを卒業した。二八年にデンバー大で修士号を取得するが、この間、二七年から三一年にかけてコロラド州の大学で生物学の講師をしており、教師としても優秀だった。三一年にスタンフォード大に移り、解剖学教授のチャールス・ダンフォースに師事し、助手を務めながら三四年に博士号（Ph.D.）を取得した。ストウは三一年に入学しているから、講義などで接点があった可能性がある。

グルーリックは学位を取得すると、エール大医学部に職を得た。三四年から三六年までエール大医学部で研究員として解剖学を教え、三六年には助教に昇格し思春期を迎えた子どもを研究するプロジェクトの責任者となり、三九年には准教授に昇格した。四〇年にはオハイオ州クリーブランドにあるウェスタン・リザーブ大（現ケース・ウェスタン・リザーブ大）医学部に移り、自然人類学、解剖学の教授になった。同時に、クリーブランドの子どもたちを対象に成長と発達を追跡していたブラッシュ財団の大規模な調査の責任者にも就任した。この後、四四年にスタンフォード大に戻っている。

ブラッシュ財団による調査は、先の被爆児調査のいわば源流に当たり、ウェスタン・リザーブ大の前任教授、T・ウィンゲート・トッドの指導で二九年に始まり、生後三ヵ月から十四歳までの子どもたちを対象に四二年夏まで続いた。財団は、家族計画や生殖医療などの研究助成を目的に設立され、トッドが子どもの成長と発達、特に骨年齢の測定方法を研究していた。途中、三八年にはトッドが亡くなり、グルーリックが調査を引き継ぐ。

調査対象は、米国生まれの白人児童約千人で、北欧系が大部分を占めた。生後一年の間は三ヵ月ごと、五歳までは半年ごと、その後は一年ごとに検査した。身長・体重計測のほか、左の肩、肘、手、尻、膝、足のエックス線写真を撮り続けたのが大きな特徴である。

ちなみに、財団は子どもたちの保護者から長期調査に参加することについて許可を得ていたという。しかし、治療など被験者に利益をもたらすのならともかく、無用の放射線被曝を子どもたちに強いるこうした研究手法は、今なら容認されないだろう。こうした手法は、グルーリックが四七年夏に広島、長崎で始めた子どもたちの発育と発達調査に引き継がれ、後に「被爆児童を裸にして調べた」というABCC批判にもつながっていくのである。

グルーリックの標準図譜集"Radiographic Atlas of Skeletal Development of the Hand and Wrist"の成果は、トッドが始めたブラッシュ財団の長期調査を土台にしている点にも注目したい。

NRCの原子傷害調査委員会（CAC）担当者であるオーウェンと、グルーリックとの密接な関係を示す資料もある。ストウが広島のABCCへ着任した四八年七月、グルーリックはABCC初代所長を務めていた米陸軍中佐カール・テスマーに二度目の長崎調査の予定を伝え、協力を求める書簡を送っている。

数カ月前、私はオーウェン博士と話し合い、九月に日本を再訪し長崎の子どもたちに対する人体測定、エックス線写真撮影の調査をしたいとの意向を伝えました。七月十五日付の彼の手紙によれば、調査は実現可能だろうとの意見で、直接あなたに手紙を書くように言われました。（中略）特に思春期、初期青春期を迎えている男児、女児を観察することに関心がありまます。子どもたちの身長、体重を測り、エックス線撮影をし、子どもたちの代表的なサンプルについて写真撮影をする予定です。[*67]

グルーリックはオーウェン経由で諸機材を調達した事実を明らかにしている。それは調査がABCCの上部機関であるCACの全面支援で実施されたことを裏付けるものといえる。

前年に行われた長崎の調査では、児童の計測、エックス線撮影が地域の保健施設で行われ、施設側は協力的であった。連合国軍最高司令官総司令部（GHQ／SCAP）の公衆衛生福祉局（PHW）が施設を接収していた。被爆二年後、傷ついた多くの子どもたちが治療を必要とし、原爆放射線による晩発性障害である白血病も出現しようとしている時期に調査が優先されていたのである。

ニールの片腕として一九四九年以来、遺伝学調査の現地責任者となり、後に放射線影響研究所副理事長を務めたテキサス大名誉教授、ウィリアム・J・シャルは「グルーリック博士による調査はABCCによる調査ではなく、資金がどこから拠出されたのかも分からない」と、私に述べた。確かに、ABCC研究者名簿にグルーリックの名前はない。シャルが投げかけた疑問を胸にしまい、首都ワシントンの全米科学アカデミー（NAS）のアーカイブズでCAC議事録など関連資料に当たってみた。グルーリックによる調査の起源と経緯を突き止めるのが目的だ。

NASの本館はワシントンの官庁街の一角にあり、北に国務省が隣接している。国務省のビルには、原爆投下を決定したハリー・トルーマン大統領の名前が冠してある。本館の南側には、相対性理論で知られるアインシュタイン博士の像がある。アインシュタインは一九三九年に、ナチスドイツの動きを恐れ、フランクリン・ルーズベルト大統領に原爆開発を進言した。像はチョコレートのような茶褐色で、ベンチに座り、ノートを開いて思索する姿である。どこかユーモラスだ。

CAC議事録によると、グルーリックの調査は四七年五月一日のCAC第二回会合で承認されていた。[*68] 米陸軍、海軍、資金を拠出するAEC、公衆衛生局（USPHS）、英国軍、NRCの各代表ら二十四人が出席した。しかし、グルーリックは欠席だった。グアムで同様の成長と発達調査をしていたのである。代わりに調査計画を提案し、説明したのは、ABCC五人組の一人、オーースティン・ブルースだった。グルーリックの調査計画を要約すると、次の通りである。

一、乳児期から思春期まで年齢ごとに男子七十五人、女子七十五人程度を研究対象とし、成長を終えるまで追跡する。

一、検査は、子どもたちが二歳を迎えるまでは三カ月ごと、五歳までは六カ月ごと、その後は一年ごとに行う。

一、検査では小児科医が診察し、人類学的な計測も行う。

一、骨格発達の度合いを追跡するため、手と手首、膝、そして可能なら他の関節のエックス線写真を撮影する。

比較対照群を含め数千人規模の子どもを十数年間にわたって検査し、成長と発達を追跡するという壮大な計画である。しかも、原爆の放射線を浴びた子ども、そして被爆していない子どもにも調査のためにエックス線を当てるという内容だ。治療のためならともかく、子どもの福利につながらない調査のために放射線に被曝させるのは、まさに「無用の被曝」に等しい。

健康への悪影響を懸念したグルーリックは五月二十六日付で、マンハッタン計画の医学部門責任者であったスタフォード・ウォーレン博士に次のような手紙を送っている。

被爆児を被曝させることとは、検査を被験者に繰り返し行うことが賢明でないとされる段階まで被曝の閾値《いきち》を引き下げると信じる理由があるのかどうか、ご意見をうかがいたい。たとえ、骨格発達研究が最も意義があるとしても、もし子どもに有害なら私はそれ(骨格発達研究)を含めたくない。*69

このとき、ウォーレンはカリフォルニア大ロサンゼルス校医学部の初代学部長に就任したばかりで、放射線医学の権威としてCACの委員も務めていた。ウォーレンの返事は次の通りである。

広島、長崎の子どもたちをエックス線検査することに伴う被害の可能性について意見を求められ、熟考した。爆発時の放射線被曝や親たちの放射線被曝のために、さらなる被曝に敏感になったり、弱くなったりしていることはないと私は信じている。健常な子どもたちに対するこの種の検査は、米国で過去に実施されてきた。照射筒を用い、検査箇所に照射を限定すれば、全身被曝の可能性はなく、各検査箇所の被曝線量はほんのわずかだろう。（「〇・一レントゲン未満」というタイプ打ちの記述に線を引き「ほんのわずか」と手書きで加えている）*70

こうして、グルーリックの懸念は、放射線の権威によって否定され、被爆児らへのエックス線検査が実行されることになった。米海軍、GHQ、ABCC、そして旧厚生省など日本側当局が全面的に協力したのである。

ちなみに、CACの第一回会合は同年三月二十五日に開かれ、CACの委員、NRCの担当者らのほかに、陸軍、海軍、AEC、公衆衛生局の代表が出席している。この出席者の構成をみても、原爆放射線が人体に与える影響を長期にわたり追跡する被爆者調査が、核兵器の開発、配備と表裏一体の関係にあることが如実に分かる。事実、第一回会合で、議長を務めたトーマス・リバース博士（ロックフェラー医学研究所長）は、被爆者調査で得られるデータや知見が米国での災害のほか、防衛や攻撃の手段、放射線防護、医学の諸問題に応用できるとの軍関係者の意見を紹介した。また、陸軍の軍医の一人は「陸軍は原爆の製造と取り扱いの問題に直面しつつあり、この関係の支援を歓迎する」と述べていた。

グルーリックが四七年十月七日付でNRCに送った報告書が、アーカイブズに保管されていた。この報告書に基づき、グルーリックの行動をたどってみよう。

同年八月二十二日、グルーリックは調査のため滞在していたグアムから米海軍機で羽田に降り立った。その後、約二週間、東京に滞在し、GHQ/SCAPの公衆衛生福祉局長、クロフォード・F・サムス（Crawford F. Sams）に会い、旧厚生省幹部や旧国立予防衛生研究所（予研、東京）幹部らと打ち合わせを重ねた。

九月四日に呉に向け、東京を出発し、九月末まで呉、広島、長崎、佐世保を回り、七〜十三歳の計九五七人（うち女子四九一人）を調査した。身長、体重を測り、半裸の状態で写真を撮影した。エックス線撮影は呉共済病院、広島赤十字病院、長崎市内の保健施設、佐世保市立市民病院で行われた。呉、広島ではABCCの米軍医が協力し、長崎では長崎医科大学小児科の佐野保教授が協力させられた。グルーリックには後述する予研所属の日本人医師二人が随行した。

## 発達の遅れを論文に発表

グルーリックは調査結果を論文にまとめ、五三年八月、米学会誌“The Journal of Pediatrics”に発表した。論文の標題は「広島、長崎原爆に被爆した子供たちの身体的成長と発達」[*71]である。

筆頭筆者はグルーリックで、ほかにスタンフォード大の女性研究者二人が筆者として名前を連ねている。また、技術的な支援者として妻ら二人の名前が冒頭に書かれている。

論文を基にグルーリックによる調査の経緯を見てみよう。

調査は、小学校一～六年に在籍する児童を対象に、四七年夏、四八年秋、四九年、五〇～五一年――の四期にわたって行われた。グルーリックは四七年夏、四八年秋に来日し、長崎医大や地元保健当局、学校関係者、予研の医師、ABCCの協力を得て子どもたちを調べたが、四九年と五〇～五一年の調査ではABCCの調査結果を米国へ送らせ、スタンフォード大で分析に当たっている。

第一期は四七年夏の予備調査である。調査対象は広島で被爆児童一四五人（男児六十六人、女児七十九人）、比較対照群として呉で二五三人（男児一二八人、女児一二五人）、そして長崎の被爆児童二九五人（男児一四三人、女児一五二人）である。子どもたちを選ぶ経緯は次のように記されている。

子どもたちをどう選んだのか。四七年に調べた子どもたちの大半は、日本の国立予防衛生研究所から派遣された二人の医師、M・タムラとT・シバヤマの助けを得て、四市（広島、呉、長崎、佐世保）の学校、保健当局によって選定された。広島と長崎では、被爆後の脱毛、放射線障害の症状が確実にあった子どもたちに限定しようと試みた。[*72]

その後のABCCによる調査で、子どもたちの脱毛など急性放射線障害の経歴は、親や親類に否定される例もあったとされるが、グルーリックは「被爆した子どもたちを選定した担当者自身、四五年に広島、長崎にいて、現場の状況を知悉していた」と被爆の事実が信頼できる点を強調した。

その実例として、長崎医大小児科教授の佐野保の名前を挙げ、「四五年、佐野教授は原爆で傷付いた学齢期の子どもたちを調査し、同年末に血液学などの報告をしている。われわれの当初の調査対象の大半は佐野教授が診察した子どもたちである」と明かした。被爆者調査の初期に、米側が日本の医師による調査研究を利用した実例と考えられる。

第二期はグルーリックらが再来日した四八年秋で、長崎の被爆児童三三九人（男児一六七人、女児一七二人）、比較対照群の児童二五八人（男児一三五人、女児一二三人）が調査対象となった。このときの調査は長崎に限られた。広島、呉での調査はABCCが宇品の「凱旋館」から比治山の新研究施設に移転する五〇年以降に延期されたからだ。

また、長崎の比較対照群とは、長崎に居住しているが、原爆投下時には長崎市内にはいなかったグループを指し、四七年の予備調査で長崎の比較対照群として考えられた佐世保での調査に代わる「内部コントロール群」として用いられるようになった。

第三期は四九年である。前に述べた通り、この年三月には広島市の宇品にある「凱旋館」でストウらABCC小児科による子どもたちの検診が始まり、五月には呉でも検診が始まり、「PE18」が動き始めた時期に当たる。四七年にグルーリックが調査した子どもたちを、ストウらAB

CC小児科のスタッフが再び検診し、エックス線写真や身体計測のデータをスタンフォード大のグルーリックに送っている。

広島では、四七年に調査した被爆児童一四五人のうち、一一九人（男児五十三人、女児六十六人）を再び調べるとともに、調査対象を追加し、調査した被爆児童は三三〇人（男児一六九人、女児一六一人）に上った。呉では四七年に調査した二五三人のうち、二三〇人（男児一一八人、女児一一二人）を再び調べ、追加を含め比較対照群として調査対象は四八二人（男児二一八人、女児二六四人）に達した。

第四期は、五〇年から五一年初めにかけてである。広島では被爆児童一〇九人（男児四十九人、女児六十人）が四七年以来三回目となる調査を受けた。呉でも一六一人（男児九十人、女児七十一人）が調査を受けた。四八年九月以来の調査となった長崎では、被爆児童三〇三人（男児一四九人、女児一五四人）、比較対照群二四三人（男児一二六人、女児一一七人）が調査を受けた。

調査結果の概要は広島と長崎で被爆した子どもたちの成長と発達の状況について次のように結論づけた。

一、広島、長崎の子どもたちは被爆から五年半後の五〇年末の時点で、身長、体重、骨の成熟の点で発達の遅れが未だにみられる

二、食料供給や経済状況が好転したにもかかわらず、こうした発達の遅れが続いている点を強調したい

三、五〇年末から五一年初めの時点で身長と体重の平均値は、四六〜四七年の日本人児童の平均値を下回っている

四、成長と発達面での悪影響をもたらす原因としては、原爆の熱線や放射線、被爆時の外傷、親や隣人、親類、友人のいのちを奪った暴力的な死を目撃した心の傷、極端な貧困、栄養不良、その他の害悪を伴う経済の混乱などが含まれる[*73]

## 反発

グルーリックの調査は、原爆が子どもたちにもたらした傷痕をいちはやく実証するものであった。成長と発達の遅れが放射線の影響かどうかを突き止めることはできなかったにしても、原爆投下の害悪を米国の小児科医に広く伝える結果になったのは言うまでもない。

しかし、論文発表は五三年八月である。原爆で傷ついた広島、長崎の子どもたちが必要としたのは、適切な治療であり、病気の予防や健康管理であった。グルーリックの調査が、被験者である子どもたちの福利につながったのかどうか、大いに疑問だ。特に、四七年九月の予備調査は、被験者本人や親、学校関係者に調査の目的、結果が伝えられた形跡がない。エックス線撮影による「無用な被曝」や、半裸で写真を撮られることによる心の傷を子どもたちに強いた異様な調査であった。

予備調査の翌年、四八年秋に長崎で行われた調査に初めて同行したストウは、学校関係者から疑念や要望を突きつけられている。

ストウが残したメモによると、四八年十月六日、グルーリックとともに爆心地から北へ一・七キロ離れた長崎市立西浦上小学校を訪ね、校長、教頭らと会った。学校側は特に二つの点を明らかにしてほしいと切望した。二つの点とは調査の結果、そして調査の真意であった。

校長らは「前年の調査結果を受け取っておらず、所見を知りたい」とグルーリックに強く要請し、「調査が純粋に学術目的なのかどうか」「異常が発見された場合、どうするのか」と尋ねたのである。

予備調査の結果を伝えなかった点についてグルーリックは「成長に関する調査は、一回だけでは結論が出ず、長い期間が必要だ」と答え、調査の所見は学校に伝え、被験者の親がＡＢＣＣの医師と接触できるようにしたいと約束した（ＮＡＳアーカイブズ所蔵ＡＢＣＣ文書、Ｂｏｘ20所収の四八年十月十四日付メモ）。

この一件がきっかけになったのかどうかは分からないが、ストウが関わり始めた四八年秋の調査以降、胸のエックス線撮影など検査で異常所見が認められた場合、ＡＢＣＣが学校を通して所見を被験者に伝えるようになった。

グルーリックの調査を実質的に担ったストウらＡＢＣＣ小児科のプロジェクト「ＰＥ18」は、目立った成果を報告していない。ストウは、「ＰＥ18」の根幹部分のデータをグルーリックのグループに提供していたから無理もないだろう。結局、ＡＢＣＣ小児科はグルーリックの下働きをさせられた観がある。

ＡＢＣＣや長崎医大、日本側教育関係者の協力と、何よりも被験者となった子どもたちの協力がなければ成り立たない調査であったが、五三年八月のグルーリック論文には、筆者の中に調査に直接関わったＡＢＣＣや長崎医大関係者の名前はない。

このことは、グルーリックがＡＢＣＣのストウや長崎医大関係者に協力させ、調査結果を引き出し、自身の研究成果として世に問うたことを意味している。実態は日本側の協力を得てＡＢＣＣのスタッフが動いた調査でありながら、ＡＢＣＣの調査結果という体裁をとらない奇妙な研究である。ただ、もしＡＢＣＣが調査を主導していたら、調査結果の公表はさらに遅れたに違いない。

ＡＢＣＣ側から眺めると、グルーリックの調査は、ストウが責任者を務めた小児科の調査プロジェクト「ＰＥ18」の起点であり、中核を成していた。首都ワシントンで立案し、被爆地で日本側の協力を得て実行するという調査の二重構造も見て取れる。

論文の謝辞で、グルーリックはまず、オースティン・ブルースの名を挙げた。「ブルース博士がわれわれの研究の申し出を最初にＮＲＣの原子傷害調査委員会（ＣＡＣ）に伝えてくれた」と述べ、続いてＣＡＣの専門家やＡＢＣＣ前所長のカール・テスマー、現所長のグラント・テイラーに言及している。四八年以降のデータ取得に貢献した日本人医師として、高尾篤良の名を挙げた。ストウの名は、ほかのＡＢＣＣの医師三人とともに触れられているだけである。

高尾は一九二五年、東京で生まれ、四五年に長崎医学専門学校（現長崎大学医学部）を卒業し、ＡＢＣＣ小児科でストウやジェームズ・ヤマザキらの指導の下で働いていた。五二年に渡米し、ニューヨーク大病院でインターン、レジデントを済ませた。ヒューストンのテキサス小児病院で経験を積み、小児心臓病治療の第一人者として東京女子医科大学教授を務めた。[*74]

## 長崎医大小児科

四八年七月に広島に着任したストウは、グルーリックの再来日を控え、早速、準備に取りかかる。まず八月中旬、長崎医大小児科教授、佐野保を訪ねている。佐野は前年夏のグルーリックの調査に協力したが、ストウが着任したころ、東北大医学部小児科教授への就任が決まっていた。

グルーリックは再来日を前に、こんな手紙を佐野へ送っていた。[*75]

家内と私は九月初めに長崎を訪ね、被爆した子どもたちを数週間調べたい。昨年九月に調べた子どもたちを再び調べ、身長体重を測り、エックス線撮影をするのに加え、思春期に差し掛かる数百の少年、少女をあらたに観察したいと考えている。もしあなたが調査に加わり、出版時には筆者に名を連ねてもらえたらとてもうれしい。

五年後にグルーリックは論文を米学会誌に発表するが、その共著者に佐野の名がないことは既に述べた通りである。佐野は調査対象の子どもたちを選んだ協力者として登場している。

ストウは佐野に八月二十五日付で手紙を送っている。先の長崎訪問時に便宜を図ってもらった礼を述べ、グルーリックが、思春期を迎えようとしている子どもたちを新たに調査したがっていることを伝えた。また、長崎医大の会議室の一つを検診ブースとして利用し、エックス線装置も貸してほしいとの希望を伝え、協力を頼んだ。[76]

短期間に大勢を検診する観点から、各人について適切な病歴を把握するのは不可能でしょう。病歴情報を親から得るのが望ましい。余分な時間、費用、人手がかかるにしても、成長と発育プログラムを親に売り込む貴重な機会となります。子どもたちを対象にした研究を行う際に親の許しを得るという課題も提起できます。

佐野はスケールの大きい小児科医であった。

一八九六(明治二十九)年十二月二十日、松江から富山県伏木港へ向かう汽船の中で、母親が産気づいて生まれた。父親が税務署長として富山県高岡に赴任する途中、能登半島の輪島沖であったという。旧制高松中から六高(岡山)へ進み、一九一八(大正七)年に東京帝国大学医科大学(現医学部)に入学した。二三年に卒業し、小児科学教室に入局するが、その直後の同年九月一日、中野の次兄宅で関東大震災に遭う。翌年三月まで宮内省救護班の一員として京橋、日比谷、小石川など十カ所を巡回し、被災者の診察、治療に携わった。後に、この時の様子を「たくさんの罹災者や小児の悲惨な状況に出会い尊い体験をした」と述べている。

佐野は二六年に金沢医科大学助教授となり、三〇年には「ビタミンA欠乏症に関する実験的研究」で東京帝大から医学博士号を取得した。三一年から二年余り、文部省在外研究員としてドイツ・ハイデルベルク大などで学び、東大助教授を経て四四年七月、長崎医大小児科の第三代教授に就任した。

四五年八月九日午前十一時二分、米国は長崎に原爆を投下した。爆心地の南東六〇〇〜八〇〇メートルの至近距離に位置する長崎医大は壊滅し、角尾晋学長ら教職員や学生約九〇〇人が犠牲になった。当時、軍医養成のため臨時付属医学専門部が置かれ、夏休み返上で授業が続いていた。佐野はこの日、講義や診察がなく、爆心地から約六キロ離れた自宅にいて難を逃れた。生き残った数少ない教授の一人である。妻も子ども四人も無事だった。晩年、医学誌に寄稿し、爆発の瞬間を次のように綴っている。

八月九日は、朝から抜けるような晴天で、私は南側の応接間で荷作りをし、ちょうど一一時北側の台所で包丁に手をかけた瞬間ピカッと光った。「広島だ」と一〜二度叫んで眼閉耳塞で床に臥すると同時にドカンと言う大きな音を立て、爆風が通り抜け、棚の上の釜や鍋がガラガラ落下した（佐野保「90歳の峠を越えて」『小児科臨床』40巻9号、一九八七年）。

「広島だ」と叫んだのには、わけがある。

佐野によれば、学長の角尾は八月七日、東京から戻る途中の尾道で広島被災を知り、惨状を見聞して長崎へ戻った。八日の大詔奉戴式では医大の運動場に教職員、学生を集めて広島の惨状を話し「ピカッと光ったら目を閉じ、耳を塞いで臥すように」と指示していたのである。

命拾いした佐野は、翌十日朝、裏山を縫って医大に駆けつけ、教室に累々と残された白骨などを確認し、救護や復旧作業を懸命に続ける。東京帝大の同級生である高木純五郎教授（解剖学）、祖父江勘文教授（薬理学）の二人は共に学内で被爆していた。佐野は二人の最期を相次いで看取り、茶毘に付した。

長崎医大から最初の使者として、七十六時間をかけて列車を乗り継ぎ、八月二十八日に上京する。事務局長ら幹部職員が亡くなったため、文部省大学課に被害の詳細を報告し、後任の事務局長を急派するよう頼んだのである。この後、東京帝大小児科に恩師の栗山重信を訪ねた。ヨレヨレの服にリュックサックを背負い、汚れたゲートルのままである。

「君よく助かったね。嬉しい」

栗山は固く佐野の手を握り、話しかけた。

「午後の僕の臨床講義で、君の体験談をしてくれ」

佐野はひげだらけのどす黒い顔のまま、医学生の前に立ち、被爆の惨状を話した。医局員の一人は「原爆のにおいを背負った形で東大に来られた」と後に振り返っている。

ストウにとって、十六歳も年上で、関東大震災と長崎原爆を経験していた佐野は頼もしい存在であったに違いない。佐野は、欧州留学で国際感覚を身につけ、著名な小児科医との人脈も持っていた。

佐野もストウのことを大変買っていた。一九七四年の座談会で、被爆時のことや終戦後の長崎の医学事情を回想した際にストウの名前を挙げた。

医大にも新鋭の教授が次々に任命され、活気を呈して来ました。長崎にＡＢＣＣが出来てヒューストンのＭＤアンダーソン病院（テキサス大学）のストー助教授が見えてからいろいろお世話になり之が、ご縁でヒューストンには三～四回伺っていつもお世話になり現在もおつき合いして居ります。同教授は小児悪性腫瘍センターの主任をして立派な業績を挙げて居られます。*77

「ストー助教授」はストウのことで、助教授とは、ストウが五四年にＡＢＣＣを離れ、テキサス大ＭＤアンダーソン病院の臨床医になった時の肩書（准教授）である。グルーリックによる成長と発達調査の受け入れ、協力をめぐり、ストウと佐野が共に仕事をしたのは四八年八月から九月にかけてのわずか二カ月であるが、互いに強い印象を受けたようである。

佐野は四八年十月に東北大学医学部小児科に教授として赴任した。まもなく北国特有の病気に着目する。外来患者や入院患者の中に、くる病や栄養失調症の子どもが目立った。くる病は、ビタミンＤの欠乏により骨の発育不良を引き起こす病気である。佐野は乳幼児診断班を結成し、東北六県の保健所を中心に二歳以下の子どもたちの健診を始めた。

四九年から五年間に三万人を超える乳幼児を対象に、診断を確実にするために手の骨のエックス線写真を撮影し、乳幼児の一四％にくる病、約一〇％に栄養失調症を見出した。佐野は、東北地方の乳幼児死亡率が高い背景として栄養失調性くる病が存在することを学会や地域社会に問題提起した。長崎の被爆児童を対象に、成長と発達を調べるため、グルーリックが用いた手法が別の形で生きたのである。

佐野は六〇年に東北大を定年退官した後、東北公済病院院長、仙台大学初代学長などを歴任し、ロータリークラブの活動にも携わった。

ストウが残した資料の中に面白い手紙がある。青森県八戸市でロータリークラブの活動をしていた村井幸吉が一九七二年七月十日付でストウに宛てた手紙で、ヒューストン訪問時にストウ夫妻に中華料理で歓待されたことへの礼状である。[*78]

なお、佐野先生の山中節、この間八戸へお出下さった時は、私の方に時間がなく出来ませんでした。何時か時期を見てと思って居ります。少しお待ちください。

ストウはヒューストンで村井に、佐野がかつて一興としてうなった山中節を話題にしたに違いない。「佐野先生の山中節を録音して送ってください」とでも話したのではなかろうか。山中節の発祥地は石川県・山中温泉である。佐野は若い頃、金沢医大助教授を務めており、そのころ、くる病の研究を始めていた。

佐野は九一年一月二十三日、心不全のため、仙台市の病院で亡くなった。九十四歳であった。長崎原爆に遭いながら、ストウよりもずっと長命であった。

## レイノルズ博士とビキニ事件

五一年にグルーリックの研究を引き継ぐ形で、五～十七歳の広島の子どもたち二七四四人を対象にした「成長と発達」調査が始まった。男子一四一一人（被爆七四七人、比較対照六六四人）、女子一三三三人（被爆六八四人、比較対照六四九人）を対象に、五三年まで身長体重や性的成熟度などを追跡した調査の結果は五四年に『広島原爆被爆児童の成長及び発育　三か年（一九五一―一九五三）の研究』と題した報告書[*79]にまとめられ、五九年にABCC業績報告書として出版されている。

報告書の著者は、五一年六月にABCC小児科に研究顧問として加わった自然人類学者のアール・レイノルズである。子どもたちを比較対照群（非被爆）、近距離被爆（爆心地から一五〇〇メートル未満）、遠距離被爆（爆心地から一五〇〇～二千メートル）の三つに区分し、分析した。爆心地から一五〇〇メートル未満の近距離で被爆した子どもたちを中心に成長と発育の遅れがみられ、原爆放射線がその原因になった可能性があるとする調査結果を得た[*80]。その点では、グルーリックの論文の内容と似ている。

レイノルズが残した諸資料は現在、カリフォルニア大サンタクルーズ校図書館に保存されている。その中に報告した時の心境を記した一文がある。

私は、米原子力委員会のために報告書を書き上げた。それは、私が発見したものに関する長い、科学的なステートメントであったが、要するにこういうことである――原爆放射線被曝と、人間の発育形態の障害との間に関連性があることを私は発見した。余分な放射線は、子どもたちの健康を害するのである。[81]

「HIROSHIMA IS MY HOME」とタイプ打ちされた三十頁に及ぶ原稿の中で、レイノルズはABCCの研究者から反核平和運動家へ転身した事情を詳しく書いている。

オハイオ州イエロースプリングスにあるアンティオク大フェルズ研究所で准教授をしていたレイノルズの元に一本の電話がかかってきた。「被爆児童の成長と健康を研究するプログラムを立ち上げるため、二カ月、日本へ行けないか」。電話の相手は全米科学アカデミー（NAS）幹部である。

レイノルズは五一年六月、研究顧問として広島へ行き、身体計測、エックス線撮影などの手順を整え、データの収集を始める。二カ月後にレイノルズはいったん帰国するが、五一年十二月には妻バーバラ（Barbara）と家族を伴って再び来日した。その後、三度にわたり、任務を延長し、最後にはアンティオク大の職を擲ってまでして「成長と発達」調査に没頭する。一方、瀬戸内海で子どもの頃からの夢であったヨット建造に挑戦し始めたのである。

そんなレイノルズの人生に大きな影響を及ぼしたのが、ビキニ事件であった。

五四年三月一日に米国が中部太平洋ビキニ環礁で実施した水爆ブラボーの実験は、広島原爆の一千発分にも相当する約十五メガトンの巨大爆発となり、吹き飛ばされたサンゴの破片が放射性降下物となって周辺の海上や風下にある島々に降り注いだ。静岡県焼津市のマグロ延縄漁船「第五福竜丸」など多くの漁船乗組員やマーシャル諸島の住民が「死の灰」に被曝し、第五福竜丸の無線長、久保山愛吉は半年後に亡くなった。

当時、レイノルズは、ビキニ事件の経緯を注意深く調べ、米政府は起きた事態について完全に責任を負っているとの結論を得る。「米政府が責任を取ることを拒否した時、失望し、恥ずかしく思った」と述べている。

「成長と発達」調査の報告書を書き上げ、ヨット「フェニックス号」を完成させると、レイノルズは妻子らを乗せて航海に出る。五四年十月四日、広島を出発し、ホノルルに向けて出航、後に「禁じられた航海（the Forbidden Voyage）」と名付けられる六年間の旅が始まった。アールは後に妻バーバラと離婚し、日本人女性と結婚。カリフォルニア大サンタクルーズ校の教員として余生を送った。バーバラは平和活動家として後に広島市特別名誉市民の称号を得ている。

テキサス医療センター図書館所蔵のストウ文書の中には、反核ヨット航海で世界を驚かせたレイノルズが雑誌『ネーション』に書いた記事「禁じられた航海」のコピーもある。レイノルズがABCCを去り、自身もテキサス州ヒューストンのMDアンダーソン病院へ移り、別々の道を歩み始めた後も、ストウはレイノルズの動向を気遣っていた。

皮肉なことに、体毛の状態、乳房の形状、陰茎の大きさなどを観察し、写真を撮影するレイノルズによる調査の手法は、広島市民から厳しく批判されていた。グルーリックの調査も、思春期を迎えようとする女児を含め、被験者の子どもたちを裸にして性的な成熟度合いを観察する点では変わりはなかった。

ただ、グルーリックの調査は連合国軍による占領下で行われ、GHQのプレスコードの下で、原爆に関する報道は検閲され、規制されていた。しかし、レイノルズの調査時には日本は形の上では独立を取り戻し、被爆者に対する調査、その手法に対する反発を抑え込むことができなくなった。

ABCCに対する世論の雰囲気について、シャルは「年長の少女の参加は劇的に少なくなり、一連の事態はABCCを悩ませた。子どもたちの親が、そんな調査は不必要と考えるのはまだ良いほうで、最悪、のぞき見のように受け取られてしまった」と書いている。[*82]

## 心の傷

ABCCによる調査は、子どもたちの心をいかに傷つけたのか。広島流川教会の牧師、谷本清の娘、近藤紘子の例を挙げる。谷本は被爆直後に救援活動に携わり、ジャーナリストのジョン・ハーシーのルポ『ヒロシマ』にも登場することで知られた平和活動家である。近藤紘子は生後八カ月のとき、爆心地から一・一キロの教会牧師館の玄関先で母親とともに被爆した。自伝『ヒロシマ、60年の記憶』で、中学生のころにABCCの定期検診で受けたつらい体験を綴っている。

その時私は、医師の1人に「ガウンを脱ぐように」と言われたのです。私は言われた通りガウンを取り、布1枚の下着姿で立たされました。すると、英語、ドイツ語、日本語の医学語が、ライトの向こうの暗闇で飛び交い始めたのです。[*83]

ほおを涙が伝い、「なぜ私が、これほどの屈辱を受けなければならないのか」と心の中で叫んだという。少女が受けた傷は深い。「柔らかい刃物を突き立てたよう」と、近藤は表現した。

近藤がつらい体験をした時期は、ストウやレイノルズがABCCを去った後の五〇年代半ばとみられる。しかし、近藤によれば、小学生の時から年に一、二回、ABCCで定期検診を受けていたというから、ストウらの検診も受けていた可能性が高い。

早くも四七年夏には子どもたちが近藤と同様の体験を強いられていたことを示す証拠が、グルーリックが五三年に米学会誌に発表した論文に残されている。計二十五頁に上る論文の後半に、男児四人、女児二人の写真が三頁にわたって掲載されているのである。論文によれば、いずれも長崎で被爆した子どもたちである。[*84]

四七年、四八年、そして五〇年または五一年と年を追って撮影されている。四七年はパンツ一枚で横向きに、四八年には男児は全裸で写っている。五〇年と五一年撮影の写真には、子どもたちの背景に、身長計測のための五センチごとのマス目が入っていた。何よりもむごいのは、手足や顔に残る瘢痕である。被爆五年後の五〇年になっても脚に包帯をした少女の姿もある。

グルーリックの調査が「被爆者をモルモットのように扱った」とするABCC批判の源流に位置し、その調査にストウが現地の責任者として関わっていたのは厳然たる事実である。

ABCC小児科の待合室にはテープレコーダーから童謡が流れ、一日二十人程度が検診を受けていた。[*85]検診は、学校現場でどのように受け止められていたのだろうか。

ストウが残したABCCの内部文書の中に、五二年に開催された渉外部門の担当者会議の議事録を見つけた。[*86] 文書には、調査対象となる子どもの親や学校関係者に協力を求めたり、検診時に子どもの送り迎えをしたりする担当者の肉声が記録されている。会議の様子を再現してみよう。

五二年四月二日午後三時。比治山に完成して間もない研究所の講堂に担当者らが集められた。「小学校の児童の多くは協力的だ」と担当者は報告を始めた。「中学生、高校生もだいたいは協力的だが……」と述べ、「学校から車に乗せてABCCへ向かうのは嫌がる子が多い」と実情を伝えた。

なぜ、嫌がるのか。「ストリップショーのダンサーのように脱ぐんだろう」「下半身を検査しにABCCに行く」などとほかの生徒がはやし立てていたのだ。グルーリックの論文が示し、近藤紘子が体験した出来事を裏付ける記録である。

「学校から生徒を車に乗せないで」とある学校は要請している。授業終了後にクラスメートがABCCに向かうと、クラスが騒がしくなるのだという。「夏休みのように、学校で生徒同士の接触がないときは協力的だ」との意見も出た。

「保健の教師が非協力的なので、渉外の仕事がしづらい」と、担当者の意見が一致した学校として、広島女学院、中広中学校、観音中学校の三校が列挙されている。

「そんな教師とストウ医師との会合を設けたら折衝業務がうまくゆく」との意見もあり、ストウの温厚で誠実な人柄は、折衝担当者の間でよく知られていたようである。

この日の会合では、広島市民の間でくすぶる反米感情も話題になった。「まったく得にならない検診よりも、アメリカに生計を助けてもらうほうが良い」。ある渉外担当者は、貧しい暮らしをしている比較対照群の女性の言葉を紹介した。また、「PE18」の調査対象者の父親は大声で叫んだという。「アメリカは自分で原爆を落としておきながら、被爆者を実験しようとしている。治療もせず、人の生き血をすするような行為は非道だ」

## 交流

テキサス医療センター図書館所蔵の資料をみると、ストウがABCC時代に日本国内の大学医学部の小児科医らに書簡を送っていたことが分かる。宛先は岡山医大、長崎医大、九州大、大阪大、東大、東北大など幅広く、その内容も研究調査や医師採用の相談から面会の礼状までさまざまだ。

ABCCの地元、広島の小児科医との交流を示す書簡も多数ある。

その中の一人、広島市在住の小児科医で元マツダ病院院長の井田憲明は、ストウの薫陶を受けた日本人最初の弟子と言っていいだろう。

井田はストウより九歳若く、一九二二年一月に京都で生まれた。四五年に旧制岡山医科大学（現岡山大学医学部）を卒業し、小児科の医局に所属し、敗戦後の人材不足の中、四八年には二十七歳で助教授となる。五一年、広島県の基幹病院である県立広島病院小児科に移り、まもなく小児科部長に就任した。このころ、ABCC小児科部長を務めていたストウを知り、交流を深める。

その縁で、五四年に米テキサス州ヒューストンのMDアンダーソン病院（現MDアンダーソンがんセンター）に留学した。広島県が留学費用を負担する県派遣の留学生である。MDアンダーソンでは白血病の治療と研究に携わった。五七年にいったん帰国するが、五九年に再び渡米し、MDアンダーソンや首都ワシントン近郊にある米国立がん研究所で研究を続けた。帰国後、マツダ病院の勤務医となり、後に院長を十五年間務め、広島女学院理事長などを歴任した。

広島市医師会がまとめた文集『ヒロシマ　広島　60年』の中で、井田はストウに言及している。

広島赴任当時、昭和二六年、一九五一年、比治山にあったABCCは当時目を見張るようなアメリカ直輸入の最新医学の施設であった。そのライブラリーには内外の文献が完備していた。一九五一年当時の所長はディユーク（デューク）大学の小児科助教授だったグラント・テイラー先生だったし、その下には後に教授になられたストウワタル先生やマーガレット・サリバン先生らがいた。[*87]

二〇一四年三月、広島市西区の自宅を訪ね、ストウとの出会い、当時の様子を聞いた。井田は九十三歳。前年、心臓の手術を受け、補聴器を使うようになっていたが、京都弁と英語が混じったユーモアあふれる語り口は、一九九五年に井田夫妻と一緒にヒューストンを訪問した時と変わらない。

ストウと井田の親交のきっかけは、ABCCが所蔵する医学文献であった。

「岡山の大学には文献がありましたが、広島には何もない。仕方なくABCCの図書室へ文献

1956年、米ヒューストンのストウ家に集まった日本人医師たち。前列左端がストウ医師。後列中央左がメアリー夫人、右が井田憲明氏（提供：井田憲明氏）

を調べに行くんです」と井田は回想する。

「ＡＢＣＣの図書室は当時全国トップだった。米国そのものがここへ来たんです」

比治山に建設されたばかりのカマボコ型の研究施設には、東京にもない欧米の文献がそろっていた。

「『カマボコや』と言うけれど、あれは運びやすいからであって、言わば首都ワシントンＤＣが支配する大ビルディングが比治山の上にできたようなものでした。内容はすごいですよ。（調査対象者は）白いガウンみたいなものを着て、診察を受けるんです。『何か、いやらしいなあ』『モルモットや』という批判があった」

当時、広島市内には医学研究や教育の中核となるべき大学医学部は存在せず、広島大医学部の前身である県立医科大はまだ呉市にあった。広島大医学部が設置されるのは、五三年八月のことである。県立広島病院小児科部長だった井田は、県内にある保健所の指導も担当する立場にあった。小児科に関する講演を引き受け、約二十カ所の保健所をすべて訪問し、ミルクやビタミンの話をして回った。治療、診察や保健所指導のためにも、文献が豊富なABCC図書室は重宝した。

そこでストウと出会う。「静かな人やなあ」というのが第一印象だった。県立広島病院の回診にABCC小児科の医師を参加させたり、ABCC小児科から県立広島病院に米国の新薬を提供してもらったり、臨床検査をしてもらったりする協力関係が次第にできあがった。

特筆すべきは、ストウが五二年から翌年にかけて、広島市内の主要病院小児科部長らと勉強会「木の子会」を始めたことだ。月に一回程度、木曜日の夕方に集まり、夕食を共にしながら小児科の外国雑誌を抜粋して紹介しあった。米国で「ジャーナルクラブ」と呼ばれる勉強会である。

井田によれば、出席者はストウのほか、広島医大（後に広島大医学部）教授の大谷敏夫、広島鉄道病院、広島市民病院、広島赤十字病院、広島記念病院、県立広島病院、広島逓信病院の小児科部長らである。

広島逓信病院の小児科部長は、被爆者の笹田金一であった。同病院長の蜂谷道彦が被爆体験をつづった『ヒロシマ日記』の中に、瀕死の傷を負い、生死をさまよう笹田の様子が描かれている。

『ヒロシマ日記』は、爆心地から約一キロの白島にあった広島逓信病院近くの自宅で被爆した院長の蜂谷が、被爆してから約一カ月間の出来事を克明に記録したもので、最初は逓信病院関係の医学誌に掲載した。これがABCCの医師ウェルズ（Warner Wells）、日系二世の月藤春雄らの目にとまり、両医師が英訳し、五五年にノースカロライナ大から出版された。

井田は、笹田とストウの関係についてこう語る。

「笹田先生はピカドンにやられているんですよ。蜂谷先生が最も信頼していた小児科医であり、被爆直後、腕に溢血点が出てきて、その病状を大変心配されていた。『ヒロシマ日記』の内容そのものを体験した方でした。ドクター・ストウは（笹田、蜂谷両医師ら）原爆に遭った多くの人と接触し、事態を理解できた。そういう影響も受けていたんです」

テキサス医療センター図書館には、ストウと蜂谷道彦、笹田金一との親交を示す書簡が残されている。五二年八月十一日付でストウは蜂谷に礼状を書いている。

原爆投下時の体験に関するシンポジウムのもようを伝えるあなたの出版物が先週、届きました。この会合の記録をお送りいただき、ありがとうございます。これを、あなたの病院と私たちの組織との間だけでなく、両機関のスタッフ同士の心温まる関係の記念として長く大切にしたいものです。*88

ストウは五二年十一月十二日付で笹田に薬剤のリストを送っている。リストには、米国で入手可能な四種類の性腺刺激ホルモン剤の名前、製薬会社名などが記されていた。笹田からの相談にストウが丁寧に答える様子がうかがえる。

ストウはエッセイなどを書く人ではなかったから、その感情の在処を探るのは難しい。日常生活でも寡黙だった。井田は「ドクター・ストウは口には出さないが、私たちの感情をよく理解していたに違いない。被爆者をモルモット扱いすると言われる中、ドクター・ストウは、微妙なニュアンスを分かっていた。だから広島の医師に信用された」と話す。「ジャーナルクラブは、すべての病院に大いにプラスになった。それはドクター・ストウのおかげです」

## 白血病と新薬

ストウと井田の協力関係、そしてストウが広島で体験した厳しい現実の一端を示す逸話がある。それは、一九五二年から五四年にかけてABCC臨床部長を務めた血液学者、ウィリアム・モロニー（一九〇七～九八年）が日誌[*89]に残していた。テキサス医療センター図書館ABCCアーカイブズ所蔵の二百頁を超えるモロニーの日誌の中には、セピア色になった「中国新聞」の記事二本[*90]の切り抜きが貼ってある。逸話の主人公は当時九歳の男児である。

記事の内容は、要約すると、次の通りである。

男児の名は宮本雅一ちゃん。五三年九月にABCC小児科でストウとサリバン、モロニーの診察を受け、白血病と診断され、井田が小児科部長を務める県立広島病院に入院した。

雅一ちゃんは四五年八月六日、爆心地から約一キロしか離れていない広島市役所近くの建物疎開現場にとめた乳母車の中で被爆した。乳母車は爆風で数メートル吹き飛ばされ、雅一ちゃんは頭と額の一部にやけどをしたが、母親を求め、大きな泣き声を上げたという。全身やけどを負った母親は愛児の泣き声に意識を取り戻し、乳母車を押して帰宅したが、三日後に亡くなっていた。

県立広島病院では、当時「不治」とされた白血病に対する懸命の治療が始まる。アミノプテリンや6－MP（6－メルカプトプリン）など米国でも市販されていない新薬が、モロニーやストウらから井田に提供された。井田は雅一ちゃんに新薬を投与し、病状は一時快方に向かう。しかし雅一ちゃんは五カ月後の五四年二月に亡くなった（「中国新聞」五三年九月二十日付夕刊、五四年二月二十七日付朝刊）。

アミノプテリンは細胞分裂に関係する葉酸の代謝を阻害する働きがあり、四八年にハーバード大の医師シドニー・ファーバーが小児白血病の症状を一時的に改善させたと報告した新薬である。[*91]その後、組成の一部を変えた「アミノプテリン誘導体」と呼ばれる薬剤が開発された。その一つがメトトレキサート（MTX）で、後に小児がん治療に大きな役割を果たす抗がん剤となる。

6－MPは五一年に米国の薬理学者ガートルード・エリオンが合成に成功した薬剤だ。がん細胞の増殖を抑える効果があり、後に白血病治療に重要な役割を果たすが、五三年にニューヨークのスローン・ケタリング記念がんセンターで臨床試験が始まったばかりだった。[*92]エリオンはこのほか、免疫抑制剤、痛風治療剤、マラリア治療剤などを開発し、八八年にノーベル医学生理学賞を受賞した。

いずれの薬も、このときは雅一ちゃんを病魔から救えなかった。抗がん剤を用いた白血病の治療法開発は、まだ緒に就いたばかりだったのである。

広島で被爆した子どもに対し、ABCCと地元基幹病院の医師が手探り状態で、いわば実験的な治療を試みた事実は重い。もちろん、ストウやモロニー、井田ら関係者は小さな命を救いたいとの一心で動いたのだろうが、新薬提供についてABCCを監督する全米科学アカデミー・研究評議会（NAS・NRC）や資金を拠出する米原子力委員会（AEC）など首都ワシントンの意向が働かなかったのかどうか、検証する余地がある。

モロニーは、雅一ちゃんを白血病と診断した際に、目の前の幼い被爆者と我が子を重ね合わせた。日誌の本文は手書きで判読が難しいが、テキサス医療センター図書館のアーキビスト、フィリップ・モンゴメリーによると、記述の内容は次の通りである。

九月一日、九歳の男の子が診察に来た。一歳の時に原爆に遭い、ひどい火傷、耳を一つ失い、顔は瘢痕だらけだったが、本当にニコニコして息子のトミーそっくりだ。診察をしたら肝肥大、脾臓の肥大があって白血球値三万六千。白血病だ。（中略）無力感と失望感に襲われた。しかし、自分がなぜ、ここに来る必要があったのか、はっきりと理解できた。（中略）この病気に打ち勝つために、ほんのわずかでも知識を上乗せすることができれば、努力の甲斐があったと自分も一生納得するだろう。

「中国新聞」五三年九月二十日付夕刊には、雅一ちゃんの笑顔の写真が掲載され「一命を取止め元気に微笑む雅一君」とキャプションが付いている。切り抜きの下には、万年筆でこんな書き込みがあった。

This is the little boy we gave the aminopterin to–Masaichi Miyamoto–age 9. He is a very sweet little boy.（この子は、私たちがアミノプテリンを提供した宮本雅一ちゃん、九歳。とてもかわいい子だ）

雅一ちゃんが亡くなってから六十年。思い出を尋ねたが、井田は言葉少なに、悲しそうな表情を浮かべるだけだった。

「ああ、あの木材会社の坊やですね。ワン・オブ・ゼムなんですよ」

井田は五一年に広島に赴任してまもなく、骨髄性白血病を起こして亡くなった七歳男児の症例も経験していた。この男児が原爆に遭ったのはわずか生後四カ月のときであった。

当時、原爆がもたらす病魔が幼い命に次々と襲いかかっていた。広島平和記念公園に立つ「原爆の子の像」のモデル、佐々木禎子さんは五五年十月に白血病のため亡くなった。十二歳だった。白血病の発生と原爆被爆の関連を統計学的に突き止め、五二年に初めて発表したのは、広島の小児科医、山脇卓壮である。山脇はエッセイの中でストウに言及している。

昭和二十二年九月より、広島赤十字病院小児科に勤務することになった。昭和二十二年三月、病院内の一室に、ABCC（Atomic Bomb Casualty Commission 原爆傷害調査委員会）が設けられた。その頃、小児科医で血液学専攻の Dr.H.Borges［ボージェイス医師］、遺伝学者の J.V.Neel Ph.D.［ニール博士］ともよく話し合う機会があった。昭和二十五年秋、AB

ＣＣ所長、Dr.G.Taylor［テイラー医師］（テキサス大学小児科教授、昭和三十一年私を招聘してくれたが、開業翌年で残念だった）の指示で、ＡＢＣＣ小児科部長、Dr.W.Sutow［ストウ医師］と私で、広島市の小児の免疫、特に破傷風について研究することになり、免疫学の勉強を始めた。然しながら朝鮮戦争の影響で、ＡＢＣＣも財政難となり、その研究は中止となった。（「私と原爆」[*93]）

山脇は、原爆と白血病の関係を調べる過程でＡＢＣＣ図書室に通った事実にも触れている。井田の証言とも重なり、興味深い。

今でこそ、放射線と白血病の関係は常識になっているが、当時は、白血病についての関心は薄く、殆どの医者も知らなかった。早速ＡＢＣＣの図書室にかけつけ、放射線と白血病の関係の文献を探し求めた。当時のＡＢＣＣ図書室は非常に完備し、全国の各大学から、教授が来られる程であった。

五二年の学会発表は、ボージェイスらＡＢＣＣの血液学者と連名の形になったが、これは、山脇の調査研究をかぎつけたＡＢＣＣが共同研究を申し入れたためだ。

エッセイには、ＡＢＣＣのカマボコ型研究施設を背景にモロニー、ストウらと並ぶ山脇の写真が掲載されている。面白いことに、同じ写真がモロニーの日誌の五十六頁に貼ってある。山脇の

モロニー医師（左端）の日誌に貼られていた写真。山脇卓壮医師（右端）の隣にストウ医師が立っている＝1953年3月23日（提供：テキサス医療センター図書館マクガバン歴史センター）

エッセイには「一九五三・一　ABCにて」とあるが、モロニーは「比治山で、一九五三年三月二十三日」と日付を明記している。まるで共鳴しているようだ。モロニーの日誌には、山脇宅で催されたお茶会の記念写真も残されており、モロニーらABCCの医師たちと、当時三十代に差し掛かったばかりの山脇との交流がうかがえる。

山脇は新事実を明かしている。それは、ABCC所長を辞めたテイラーから、五六年にテキサス大MDアンダーソン病院に来るよう招聘された事実である。テイラーは五三年末にABCCからヒューストンのMDアンダーソン病院に移り、五四年に小児科を開設していた。もし、山脇が広島市内で開業していなかったら、井田と同様にMDアンダーソン病院に留学し、ストウらと一緒に小児がんとの闘いを始めていたに違いない。

山脇は「残念だった」と率直な思いを書き残した。ストウがテイラーに山脇招聘を進言した可能性が高い。臨床の現場で、被爆児の白血病多発に気付き、自力で調査を進めた山脇の存在を、ABCCの医師たちがいかに重く見ていたかを示す逸話である。

日誌の主であるモロニーは五四年に帰国する。タフツ大やハーバード大で白血病の治療・研究を続け、後にストウとともにマーシャル諸島の核実験被曝者らの調査にも携わった。

四八年夏、広島にやってきたとき、ストウは経験の乏しい医師だった。その二年前に医師免許を取得したばかりで、臨床経験は、ソルトレーク郡総合病院で一年のインターンシップ、同病院、ユタ大小児科で一年の研修医生活、そしてロサンゼルスで短期間の開業程度である。ABCC勤務は、約一年の中断を挟んで五年近くに及んだ。その間にストウは念願の小児科専門医の資格を手にし、小児腫瘍学という新しい臨床分野を切り拓く助走を続けていたのである。

# 第五章　ヒューストン

## 前ABCC所長と「償い」

宮本雅一ちゃんが白血病のため県立広島病院で亡くなってから約三カ月後の一九五四年五月十八日、ストウはABCCを辞め、広島から帰国の途に就いた。

帰国後、家族をカリフォルニア州に残し、マサチューセッツ州ボストンへ向かう。臨床医としてリフレッシュするため、小児がん治療の先駆者、シドニー・ファーバーがいるボストンで数週間の研修を受けた。

ストウはボストンへ向かう途中、テキサス州ヒューストンに立ち寄り、ABCC前所長のグラント・テイラーを表敬訪問する。ここでテイラーの来歴を見ておこう。

テイラーは、ストウと同様に遅咲きの小児科医である。一九〇三年七月二十二日に米西海岸のサンフランシスコで生まれた。高校卒業後、地元の州立大へ進み、理科の教師になる。教壇に立つ傍ら、スタンフォード大に通い、二九年には修士号を取得した。三六年にはノースカロライナ州のデューク大医学部に進み、四〇年に医学博士号を取得し、医師となった。既に三十七歳になっていた。

デューク大での医学生時代には、学部長で小児科教授であったウィルバート・デビソン（Wilburt Davison）の薫陶を受けた。デビソンは、患者の福利を重視する医学教育を提唱したカナダ人内科医、ウィリアム・オスラー（William Osler）のオックスフォード大時代の愛弟子であるから、テイラーはオスラーの孫弟子に当たる。

太平洋戦争勃発後の四二年六月、陸軍の軍医となり、レイテ、沖縄と転戦し、終戦後にはソウルに駐留した。四六年、軍医中佐としてソウルに勤務していたときに、デビソンの要請でデューク大に戻り、学部長補佐兼助教としてデビソンを支える。

このころ、デビソンは、ABCCを監督する首都ワシントンの原子傷害調査委員会（CAC）のメンバーであり、テイラーはCACの会合に随行したこともあった。テイラーは四九年にABCCに副所長として赴任し、朝鮮戦争勃発後の五一年には所長に昇格した。

実は、テイラーは四五年末に沖縄からソウルへ赴任する際に、広島と長崎を訪ね、廃墟と化した街を自分の目で確かめていた。長崎では、長崎医大の惨状をつぶさに視察している。

ABCC勤務が決まったときの心境を自伝にこうつづっている。

もう一つの要因は償い（atonement）と関係していた。私の心に重くのしかかっていた。研究に参加すれば、一個人として「人間が行った最悪の行為」に対する償いに寄与できるのではないか。[*94] おそらく被爆者研究は、この新しい力をもっぱら平和利用へと方向付ける一助となるだろう。

「人間が行った最悪の行為」とは、もちろん原爆投下を指す。「償い」という言葉には、医師として、あるいは一人の人間として、広島と長崎のきのこ雲の下で起きた人間の悲惨と向かい合ったときの素直な心情が表れている。

前章で見た通り、ＡＢＣＣは、傷ついた人間を調査対象にして、原爆の威力を確かめ、まだ知られていない放射線の影響を突き止めることを企図していた。被爆者を治療することは目的ではなかった。被爆者調査に参加することに「償い」の気持ちを込めたというテイラーの告白は、被爆地の惨状を垣間見た人間として、自らの研究活動や行動をいずれ被爆者に寄与するものにしたいという意思の表明であったのかもしれない。テイラーが日系二世のストウを大事にし、井田ら日本人若手医師を受け入れた背景事情として、この言葉には注目したい。

テイラーは日本に駐留する米軍関係者の脅威となっていた日本脳炎の研究者でもあった。朝鮮戦争勃発時にはＡＢＣＣから朝鮮半島の前線へ急きょ派遣されている。五三年末にＡＢＣＣ所長を退任した。その後、ヒューストンのテキサス大ＭＤアンダーソン病院・がん研究所（現ＭＤアンダーソンがんセンター）小児科教授に就任する。

## 臨床医として

ストウは、MDアンダーソン病院小児科のスタッフに加わるようテイラーから強く誘われ、契約書にサインした。小児がんとの長い闘いが、ヒューストンを舞台に始まり、ストウはやがて「小児腫瘍学」という治療の新地平を切り拓いていく。

「一九五四年六月、医師として私の熱意は最高潮に達したに違いない」[*95]

ストウはこのときの心境をこう表現している。

肺がんのため八一年十二月に亡くなった後、書斎から自伝的なメモが見つかった。死の半年前に綴ったとみられるこのメモの中で、ストウは臨床医としての歩みを自ら綴っていたのだ。原爆で傷ついた子どもたちを調査する冷徹な観察者から、あらゆる手段を使って小児がんを治す臨床医へ――。ストウは人生の分岐点に立っていた。「私の熱意は最高潮に達した」という言葉には、寡黙で控えめなストウには珍しく、雄弁な響きがある。テイラーによる熱心な勧誘を受け入れ、MDアンダーソンで小児がんとの闘いを始める決心をした感慨が伝わってくる。

このとき、広島、長崎で診察した数多くの「原爆の子」たちの姿が脳裏に浮かんでいたことだろう。その中には十歳で亡くなった宮本雅一ちゃんの姿もある。前年の秋、ストウは広島で同僚のサリバン、モロニーとともに雅一ちゃんを診察し、白血病と診断し、主治医の井田憲明に新薬を提供した。新薬とは、化学療法の先駆者シドニー・ファーバーによって「効果あり」と報告されたアミノプテリンなどである。しかし、命を救えなかった。ストウは小児がん治療に向かう道のりの険しさ、原爆が子どもたちに残した傷痕の深さを認識したに違いない。

テイラーの元に、ストウ、サリバンが集まり、ヒューストンを拠点に小児がん化学療法の開発と実践の試みが始まる。ABCCでの自らの任務を「人類最悪の行為への償い」と関連づけたテイラーは、ヒューストンでも日系二世のストウを頼りにした。ABCCの活動実態が「償い」とはかけ離れたものであることは言うまでもない。ただし、小児がん治療に新たな地平が切り拓かれていく遠景に、テイラーやストウらがABCC時代に被爆地で見聞した「原爆の子」たちの姿があることを特記しておきたい。

一方、ストウは、放射線が子どもたちの成長と発達にどんな影響を与えるのか――という命題から離れることはなく、米原子力委員会の傘下にあるブルックヘブン国立研究所によるマーシャル諸島医学調査に参加する。それはストウ個人の探求心によるものだが、核兵器開発競争を激化させていく東西冷戦の時代が強いた宿命ともいえる。

ストウはABCC時代をどう総括し、なぜMDアンダーソン病院を選んだのだろうか。自伝的メモにはこんなくだりがある。

ABCCでは、私の研究は、日本やマーシャル諸島の子どもたちに及ぼす原爆の医学的な影響、そしてまた、健康な子どもたちの正常な成長と発達を評価することに関係していた。結果としてW・W・グルーリック、M・M・マレシュ（M.M.Maresh）、エディス・ボイド

(Edith Boyd)、A・L・ウォッシュバーン(A.L. Washburn)、そしてE・L・レイノルズといった研究者に相談できる幸運に恵まれた。この研究分野でスタートラインに立ったと感じた。とりわけ、人間のデータを取り扱う難しさと、生物統計学に則った研究姿勢の大切さを認識し始めた。

(中略)

ボストンへ向かう途中、私はヒューストンに立ち寄った。グラント・テイラー医師を表敬訪問するためだ。ドクター・テイラーは、私がABCCに所属していたころに所長を務め、その後テキサス大MDアンダーソン病院・がん研究所のスタッフに加わっていた。当時は新しい病院がオープンしたばかりだった。病院でR・リー・クラーク院長と会った。

私たちは、がん専門病院での小児科医療の可能性を話し合った。当時、小児腫瘍学は、まだ知られていない言葉の組み合わせであり、会話のすべては未来形で行われた。[*96]

クラークは四六年以来、MDアンダーソン病院の院長を務める実力者である。MDアンダーソンの草創期に指導力を発揮し、小児がんの治療と研究に向けテイラーやストウを招聘した。新しいがん専門病院を拡充し、小児がん治療を目指す意志をストウに示し、ストウを決心させた。ABCC時代の上司であり、MDアンダーソン病院小児科教授のテイラーは回顧録の中で、ストウ招聘のいきさつの一端を明かしている。「ワット」とはストウの名前から派生した愛称だ。

私は首都ワシントンでリー・クラーク医師（MDアンダーソン病院長）と会った。会合でワット・ストウ医師の仕事ぶりを述べた。ミルドレッド・シャーウッド（Mildred Sherwood）さん（ABCCで看護婦長、デューク大小児科婦長、ジョンズ・ホプキンス大ハリエット・レーン・ホーム婦長を歴任）のワット評である。シャーウッドさんは、ストウ医師のように速やかに子どもと良好な関係を築ける医師を見たことがないと話していた。彼女は私に、子どもたちとうまく付き合う秘けつをワットに突き止めてもらうべきだと促したものだ。

もし、ストウ医師と家族がヒューストンにうまく受け入れられるのなら、私はストウ医師に私を支えてもらいたいとクラーク院長に伝えた。クラーク院長は快諾し、私の懸念をこんな意見で払拭してくれた。「一家は大丈夫だよ。ヒューストンにはミカワロード（Mykawa Road）があるのだから」[*97]

ミカワロードとは、ヒューストン南東部にある道路である。その名は、道路一帯が稲作に適していると見込んで、一九〇六年に日本から渡米し、まもなく不慮の事故で亡くなった前川真平氏にちなんでいる。クラークは、稲作の夢を追ってヒューストンに半世紀前にやってきた日本人の名が、道路の名に残っている点を、テイラーに紹介したのである。

## 差別と厚情

第二次世界大戦の終結からわずか九年。真珠湾を奇襲した敵国日本に対する反感は、ヒューストンにも残っていた。加えて、南部諸州に属するテキサス州には、公共輸送機関や公共施設などで白人用、黒人用を設ける人種差別（Segregation）が存在していた。

「大丈夫だよ。ヒューストンにはミカワロードがあるのだから」というクラークの言葉とは裏腹に、ストウ一家はのっけから差別的な振る舞いに出合う。

不動産業者が一家の新居を手配してくれた。しかし、カリフォルニア州から妻メアリー、三人の子どもがヒューストンに到着すると、売り主はストウ一家を住まわすのを拒否したのだ。「住宅売却に同意した際、ストウ一家が日本人とは知らなかった」という言い分だった。

仲介した不動産業者は責任を感じ、自分の家族をホテルに移し、ストウ一家を自宅に住まわせたという。

この時期、ヒューストンでの暮らしは、ストウ一家にとって、あるいは私と一緒に働いた日本とつながりのある他の人々にしても、とても楽しいという訳ではなかった。そんな中、揺るがずに私を支えてくれたストウにさらに感嘆した。毎晩、そして長い毎週末、子どもたちはストウにカリフォルニアへ帰ろうと懇願したのである。*98

こうしてストウはMDアンダーソンで臨床医として歩み始めた。肩書は「テキサス大MDアンダーソン病院・がん研究所小児科准教授」。小児科主任教授を務めるテイラーのまさに右腕である。同じテキサス医療センター内にあるベイラー医大の小児科臨床准教授も兼務した。五四年十二月三日には、テキサス州から医師免許を取得した。

## 小児科草創期

新設された小児科は、外来の診察室が一階に置かれ、病室は当初、五階東側病棟（5 East）の四人部屋が割り当てられた。最初の患者は大人三人と部屋を共にする状態だった。

テイラーはまもなく、病室を六階西側病棟（6 West）に移転し、患者と家族が病室で一緒に過ごせる「ルーミング・イン」と呼ばれる方式を採用した。病室で我が子に付き添い、世話をしてもらうことで、親を励まし、家族の絆を強める効果が期待された。こうしたやり方は日本ではおなじみの付き添い方式で、テイラー、ストウ、サリバンらが広島ＡＢＣＣ時代に体験していた。[*99]「6 West」はＭＤアンダーソン小児科の病棟を示すと同時に、小児がんとの闘いの場所にもなった。

前に述べたようにヒューストンでは当時、公共施設や座席を白人用と黒人用に分ける人種差別が残っていたが、小児科病棟にはそんな差別はなかった。スタッフに日本人もいれば、アフリカ系女性もいた。テイラーはこんなエピソードを自伝に残している。

ボセットは午後三時から午後十一時までの夜勤の看護師だった。病状の重い娘を入院させた父親が私の元にやって来て「夜、娘を黒人の看護師に任せられない」と苦情を述べた。彼は強硬だったが、私たちも同じくらい強硬に方針を変えなかった。彼の愛児は亡くなり、長く彼の姿も見なかった。ところが、ある日、その父親が裏口から病院に入り、頭を垂れて挨拶をした。ボセット看護師が勤務時間を過ぎ、朝のシフトの看護師が来るまで娘の面倒を見ていたと、彼は説明した。娘が亡くなった夜も、ボセットは病室にいてくれた。父親は偏見に満ちた自分の態度を恥じて、できるだけ献血をすることを誓ったのである。[*100]

この看護師は後にスタンフォード大病院に移り、小児がん専門の看護師になったという。現在、五四年当時の建物は、表玄関から見ることはできない。病院の発展とともに、建て増しが相次ぎ、五四年当時の建物は巨大建物群の奥深くに位置するようになった。

草創期のMDアンダーソン小児科では、治療成績は「どん底」の状態であった。そんなときにストウらに支援の手を差し延べてくれたのは、第二次世界大戦後にがん化学療法の地平を切り拓こうとしていた先駆者たちだった。

ストウは、死後に発見された自伝的なメモの中で先駆者三人の名前を挙げ、「私自身の立場を確立しようと格闘しているころに、患者を理解して支援する彼らの考え方は大変貴重であった。何よりも、彼らは専門職の力量を示す良い手本を示してくれた」と当時を回想している。[*101]

「彼ら」とは、「小児がん化学療法の父」と呼ばれたハーバード大・ボストン小児病院のシドニー・ファーバー（Sidney Farber　一九〇三～七三年）、そしてニューヨークのメモリアル病院―スローン・ケタリング研究所（現スローン・ケタリング記念がんセンター）のデビッド・カルノフスキー（David Karnofsky　一九一四～六九年）、ジョゼフ・バーチェナル（Joseph Burchenal　一九一

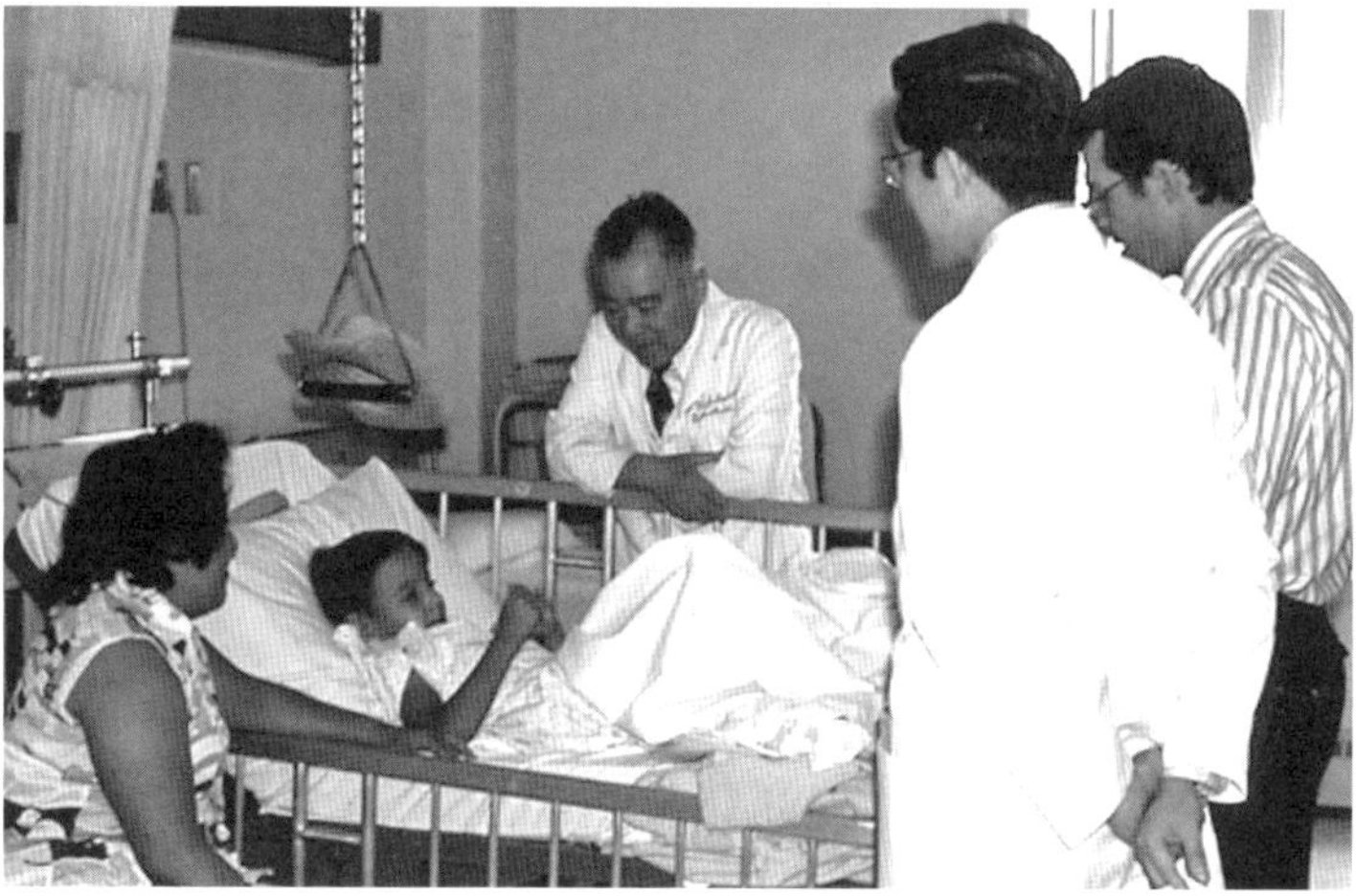

MDアンダーソン病院6階西側病棟で幼い患者を回診するストウ医師（1976年春＝提供：岡村純氏）

二〜二〇〇六年）の三人である。

カルノフスキーは一九四〇年にスタンフォード大で医学博士号を取得しているから、ストウとは医学生時代から面識があったかもしれない。第二次世界大戦中の四三年、ローズ（C.P. Rhoads）が率いる米陸軍の化学兵器研究班に配属され、毒ガスの生物学的な影響を研究するため、羊を使った動物実験に携わった。対象の毒ガスは、マスタードガスの硫黄原子を窒素原子に換えた「ナイトロジェンマスタード」である。

こうした実験の過程で、カルノフスキーはナイトロジェンマスタードを抗がん剤として使えないかとの着想を得たという。大戦が終わると、ローズが院長を務めるメモリアル病院に招かれ、ここで抗がん剤の開発を重ねた[*102]。

バーチェナルはカルノフスキーの同僚で、五三年に抗がん剤「6－MP」の臨床試験をメモリアル病院―スローン・ケタリング研究所で行い、白血病の子どもたちを寛解に導き、6―MPの有効性を証明していた。[*103]

前章で紹介したように、ファーバーは一九四八年六月、急性リンパ性白血病の子どもに葉酸拮抗剤「アミノプテリン」を投与し、初めて症状を改善させた寛解例を医学誌『ニューイングランド・ジャーナル・オブ・メディシン』に発表した。この論文に鼓舞され、ストウは五三年から五四年にかけて広島のABCC時代、白血病の被爆少年の治療に新薬を提供していた。ストウがABCCを離れ、母国で臨床医として再出発する際に、数週間の研修先として選んだのも、ファーバーがいるボストンだった。

ストウが心酔した「化学療法の父」、ファーバーとはどんな人物なのか。

ファーバーは一九〇三年九月三十日、五大湖の一つエリー湖東端にある米ニューヨーク州の工業都市バッファローで十四人きょうだいの三番目として生まれた。ストウより九歳年上である。

地元のバッファロー大で生物学と心理学を専攻し、二三年に卒業した。その後、ドイツに渡り、ハイデルベルク大、フライブルク大に留学する。ドイツ滞在中にフロイトら著名な精神科医、心理学者と交流したとされる。二七年に帰国してハーバード大医学部二年次に編入し、その年に医学博士号を取得すると、ドイツ・ミュンヘンに留学し、病理学を学んだ。二八年にはハーバード大講師、ボストン小児病院の病理医に就任し、四八年に病理学の教授に、四九年にはボストン小児病院の病理学部長になった。

ファーバーには「現代小児病理学の父」という尊称もある。ボストン小児病院を舞台に、病理解剖を通じて子どもの疾病と長く向かい合ったのである。

## トータル・ケア

そんなファーバーが小児がんに関心を持ったのは意外に早かった。同僚の一人は、ファーバーの小児がん治療に懸ける強い意志をこう述べている。

彼の小児がんへの関心は、一九二七年ごろには大きく膨らんでいた。当時、病理医だったが、本能的にまず医者であり、関心は病理学の実験室を超えて、病人のケアにまで広がった。トーマス・ジェファーソンのように、人間は病気により死ぬ運命にあるなどという考えに対し、永遠に敵意を抱くと誓っていた。患者が生きている限り、「望みのない症例」なんてまったく受け入れられなかった。私は一九四〇年代の終わり頃、彼と一緒に仕事をするようになった。当時、進行がんの子どもの利益となる治療上の努力がほとんど行われておらず、それとは対照的に、外科手術で摘出できる腫瘍のある子どもに対しては多くのことが既に行われていたという事実があっても、彼の進行がん、特に白血病の子どもたちへの強い関心はむしろ一層強くなっていた。彼に関する限り、「不治」という言葉は、人間という存在を知らないからこそ定義されるのである。[*104]

腫瘍内科医のシッダールタ・ムカジーは、人類とがんとの闘いを描いたピューリッツァー賞受賞作『病の皇帝「がん」に挑む』の主人公の一人として、ファーバーを取り上げた。「秀でた病理医――『死体専門の先生』」であったファーバーが、小児白血病の患者を治療したいという欲求に駆り立てられた情景を、当時の医学事情や抗がん剤の仕組みも併せて活写している。[*105]

ムカジーが描くファーバーの姿には、ストウとの類似点がある。それは、小児がんをなんとしても治すという堅固な意志である。

抗がん剤を投与してがん細胞を死滅させる化学療法は、毒をもって毒を制するに等しく、幼い患者の苦痛は筆舌に尽くせない。ファーバーは治療の術のない、絶望的な状態にあって、葉酸代謝拮抗剤であるアミノプテリンが、がん細胞の増殖を抑える可能性に懸け、小児白血病初の寛解例を見出した。寛解は一時的で、やがて白血病は再発し、幼い患者は亡くなるが、アミノプテリンによる寛解例をきっかけに小児がん化学療法の扉が開いた。

新たな抗がん剤が次々と登場し、ファーバーら小児腫瘍医は臨床試験を重ね、効果のある薬剤や投与方法を突き止めていく。ストウはその流れの中に身を置いたのである。

ファーバーは、小児がん治療・研究の必要性を地域社会や全米に訴え、世論を動かし、病院をつくるための小児がん研究基金を創設した。四八年五月には、リンパ腫のためボストン小児病院に入院していた少年ジミーをラジオ番組に出演させた。ジミーは大リーグ、ボストン・ブレーブスのファンだった。病室にはスター選手も姿を見せ、ジミーを驚かせた。その様子が全米に伝えられ、約二十三万ドルの募金が集まった。小児がん研究基金は「ジミー基金」と名前を変え、現在のダナ・ファーバーがん研究所の基盤となる。

ストウは、ファーバーが提唱する「トータル・ケア」（Total Care）の思想に共鳴した一人である。

トータル・ケアとは、小児がん患者の治療に向かって、外科手術、放射線、抗がん剤を駆使し、診断から家族の支援まで医師、看護師、ソーシャルワーカーら病院の全職種が協力して患者を世話するという考え方である。白血病など小児がんが「不治」とされた時代に、治療への闘いの口火を切ったファーバーの根底に流れる思想といってよい。

小児がんがやがて、治療できる病気になると、ストウら小児腫瘍医はより良い状態での治癒を目指した。ストウは、晩年に出版した解説書の中で「トータル・ケア」から「トータル・キュア」（Total Cure）へ向から、より高い理想を掲げている。

何年も前にファーバーは、がんの子どもに対する治療アプローチの全体を「トータル・ケア」と総称した。今日、患者へのアプローチの全体像は「トータル・キュア」という概念まで広がるだろう。[*106]

## 多施設共同研究

ストウは、多施設共同研究グループ（Cooperative Group）と呼ばれる組織の中心メンバーとして、小児がん化学療法の歴史にその名を刻まれている。外科手術、放射線療法と連携し、複数の抗がん剤を併用し、子どもの固形がんであるウィルムス腫瘍、横紋筋肉腫、骨肉腫の治療法開発に尽力した。

ウィルムス腫瘍とは、子どもの腎臓に発生する悪性腫瘍で、米国では年間約五百例、日本では年間四十〜五十例報告される。横紋筋肉腫は子どもの全身のどこからでも発生する悪性腫瘍で、日本では年間九十例程度が発生するとみられる。骨肉腫は新陳代謝が活発な骨端などの周辺に多く発生する代表的な小児がんである。

多施設共同研究グループは、抗がん剤などによる治療法の安全性や有効性を確かめるための臨床試験を、複数の医療機関が連携して行う仕組みを指す。小児がんはもともと稀少な病気だ。少ない症例をバラバラに分析していては治療法の開発は難しい。臨床試験の対象である治療法が既存の治療法に比べ有効なのかどうか、医療機関に散らばった症例をまとめて分析する必要がある。患者の情報や医師らの知見を共有することが、小児がんの治療法開発の原動力となっていった。

多施設共同研究グループの仕組みを育てたのは、首都ワシントンの郊外ベセスダにある米国立がん研究所（NCI）だ。

NCIは一九五五年、臨床研究パネル（Clinical Studies Panel）を設置し、小児白血病の治療に向けた多施設共同研究の有用性を議論した。その結果、「急性白血病グループA」「急性白血病グループB」と呼ばれる二つの共同研究グループが結成され、テイラーとストウは急性白血病グループAに所属した。二人とも、前年に広島のABCCからMDアンダーソン病院に移ったばかりである。

このころ、抗がん剤を用いた化学療法の効果については、懐疑的な意見が多かった。臨床試験を積み重ねることで、化学療法が外科手術や放射線療法を補完し、あるいは外科手術などに取って代わる治療法になっていく。

翌五六年に、テイラーとストウはテキサス州など米国南西部をカバーする共同研究グループ「南西部がん化学療法研究グループ」(the Southwest Cancer Chemotherapy Study Group)、通称SWCCSGを結成する。当初は小児科中心の組織で、MDアンダーソン病院など六つの大学病院とヒューストンの退役軍人病院の七医療機関が参加し、代表にはテイラーが就き、六九年まで務めた。ストウは五七年から六九年まで小児科部門の責任者を務めた。

複数の抗がん剤を臨床で評価するため、NCIは五八年、SWCCSGに研究助成金を交付するとともに、成人がんの研究者をもっと多く共同研究に参加させるよう指示した。首都ワシントンやニューオーリンズなどの六つの退役軍人病院が新たに加わり、参加医療機関は十三になった。

MDアンダーソン病院には、SWCCSGの事務局に加え、臨床試験データを集め分析する統計センターが置かれた。テイラーと、その側近であるストウが多施設共同研究の礎を築いたと言っても過言ではないだろう。後に、SWCCSGは「SWOG」の略称で知られる全米最大の共同研究グループ「南西部腫瘍学グループ」(the Southwest Oncology Group)に発展する。[*107]

ストウの小児がん治療研究に対し、NCIの上部組織である米公衆衛生局(USPHS)は六三年、「リサーチ・キャリア・アウォード(Reaearch Career Award)」と呼ばれる助成を始めた。この助成は、経験豊かな研究者を長期にわたり支援するものだ。その代わり、毎年、成果と研究の方向性が厳しくチェックされた。

米公衆衛生局の助成対象に選ばれた事実は、多施設共同研究によって小児がん治療を向上させようとするストウの熱意と実績が全米規模で認められたことを意味する。この助成は七八年まで続いた。

## 治る病気へ

当時、「不治」とされた小児がんの治療法を探る臨床試験は、実験的な医学の側面が色濃かった。新薬の効果に望みを託し、苦痛を伴う臨床試験に参加した幼い患者、参加に同意した親たちの存在を忘れてはならない。ＳＷＣＣＳＧの代表を長く務めたテイラーは自伝の中で、こう記している。

> 後世のがん犠牲者の福祉を図るためにデザインされた医学研究に、母親たちや父親たちが自発的にかかわり子どもたちを参加させた意義を、将来の医学史家は指摘するに違いない。[*108]

ウィルムス腫瘍、横紋筋肉腫、骨肉腫などの子どもの固形がん治療で、ストウが多施設共同研究を通じて成し遂げた業績として、次のような点が挙げられる。

第一に、転移しやすい子どもの固形がんに対し薬剤が有効であることを確認し、外科手術後のがん再発・転移を防ぐため、複数の抗がん剤を用いる「多剤併用」の化学療法を開発した点である。

ウィルムス腫瘍の場合、ストウは六一年に登場した薬剤「ビンクリスチン」（ＶＣＲ）の有効性を臨床試験で確かめ、抗生物質「アクチノマイシンＤ」と併用することで生存率を二〇％程度から六〇％以上に改善させた。ビンクリスチンは、マダガスカル島原産の植物ニチニチソウに含まれる抗がん成分を分離したものである。

骨肉腫の場合、多剤併用の化学療法を手術前に行うことで脚や脚の機能を温存することも可能になった。

第二に、化学療法を外科手術や放射線照射と連携させる「集学的治療」（Multidisciplinary Cancer Therapy）を推進し、学問分野としての「小児腫瘍学」（Pediatric Oncology）確立に貢献した点である。ストウらが臨床試験を重ねたことで、化学療法は外科手術、放射線照射に続く〝三番目の武器〟となり、あらゆる手段を駆使してがんと闘う集学的治療が可能となった。

ウィルムス腫瘍を患う幼い患者や家族に、ストウはどのように接したのか。ＭＤアンダーソンがんセンターの歴史をまとめたジェームズ・オルソンの著作に、こんな逸話が紹介されている。

時は一九六六年。ＭＤアンダーソン病院小児科に男性が十歳の息子を連れてやって来た。男性は第二次世界大戦に海兵隊員として従軍し、沖縄戦で負傷した経験があり、日本人を嫌悪していた。

ストウが診察室に入ると、男性は体をこわばらせた。

子どもと接することにかけては、くまのプーさんよりも熟達していたストウは、最初、この男性を無視して、ゆっくりと息子に近づく。ほほえみながら髪の毛に優しく触った。

それからストウは男性の方を向いて、軽く頭を下げて敬意を示し「前途は有望ですよ」と話し、補助的な化学療法の考え方を説明した。外科手術の後に抗がん剤を投与することで、体内に残存しているがん細胞を死滅させる――という狙いである。男性は高ぶっていた感情を落ち着かせることができた。息子の治療は成功し、ストウに対する人種差別的な感情は尊敬に変わったという。*109

## がん対策法

「在任中で最も意義ある業績だと、後世の人々から評価されたら幸せだ」。一九七一年十二月二十三日、リチャード・ニクソン大統領はこう述べて法案に署名し、国家がん対策法（National Cancer Act）が成立した。「がんとの闘い」が米国の国家プロジェクトとして始まったのである。

ニクソンは七一年初頭の一般教書演説の中で、核兵器開発や月面着陸の例を引きながら「この恐ろしい病を征服するために努力を傾けるときが我が国にやってきた」とがん撲滅を宣言していた。

国家がん対策法は、がん撲滅の司令塔として、国立衛生研究所（NIH）の下部機関である国立がん研究所（NCI）を位置付けた。NCI所長を大統領が指名し、予算面などで幅広い権限をNCIに与えた。

六九年にMDアンダーソン小児科の准教授から教授に昇格していたストウも、このころ、画期的な仕事を手がけている。五七年から始まった南西部がん化学療法研究グループ（SWCCSG）小児科部門による多施設共同研究の集大成として、七三年、ほかの医師二人とともに、教科書

『臨床小児腫瘍学』（Clinical Pediatric Oncology）[*110]を編集、出版した。

『臨床小児腫瘍学』は、小児がん治療を網羅した米国初の本格的な教科書である。執筆陣は三十六人に上り、約六百頁、二十八章に分かれている。小児がんの概観や原因論から始まり、外科手術、放射線療法、化学療法といった治療法、白血病など血液のがんや肉腫など病気の種類ごとに章を立てた。「トータル・ケア」の概念を丁寧に解説しているのも特徴であり、小児腫瘍学が学問分野として確立したことを印象づけた。

ストウ自身は、ほかの編者との連名で序文を書き、「小児がん総論」「化学療法総論」「主な骨の悪性腫瘍」の三章を担当した。「小児がん総論」の章で、トータル・ケアの概念についてこう述べている。

　今や、小児がん患者に対する最適な医療には、知りうるすべての治療法を適用すること、特に集学的で学際的なアプローチを適用することが含まれている。これこそが、ファーバーが効果的に発展させたトータル・ケアの概念である。診断手続きから最終的な治療法、家族の支援まで患者のケアのあらゆる側面で、専門職は協力すべきである。[*111]

執筆陣の中には、ストウと同様に広島のABCC小児科で被爆児の白血病や成長を調査した医師二人も含まれている。MDアンダーソン小児科の同僚、マーガレット・サリバン、そして国立がん研究所（NCI）で疫学部長を務めるロバート・ミラーである。ここにも、被爆者調査と小児がん治療の意外なつながりが見て取れる。

小児腫瘍医としてのストウの評判を示す逸話もある。

一九七三年、「テッド・ケネディ」こと上院議員エドワード・ケネディの子息エドワード・ケネディ・ジュニアが骨肉腫と診断された。当時十二歳である。暗殺されたジョン・F・ケネディ米大統領やロバート・ケネディ司法長官の甥、キャロライン・ケネディ駐日大使のいとこに当たる。

MDアンダーソン小児科でストウの薫陶を受けた北九州市の小児科医、金平榮によると、ジュニアの症例を検討する専門家の一人としてストウも呼ばれ、全米から専門家がどこかの飛行場に集まりカンファレンスを行ったという。

「ニューヨーク・タイムズ」の記事によると、テッド・ケネディ・ジュニアが右脚切断の手術を受けた後、父親のテッド・ケネディは全米から専門家を呼び、術後の医療方針を検討させている。その中にストウは含まれていたようだ。

ジュニア本人は後年、外科手術の後、一年半にわたり、大量のメトトレキサート（MTX）による化学療法を続け、髪の毛は抜け落ち、体重も激減したと語っている。外科手術を補完する化学療法は、ストウが当時、臨床試験を重ね、治療法の開発に尽力していた。金が指摘したカンファレンスでは、おそらく化学療法が検討されたのであろう。

テッド・ケネディ・ジュニアは術後約四十年を経過して今、実業家、弁護士として活躍している。ストウらが奮闘した小児がん化学療法の恩恵を受けた一人である。

MDアンダーソン小児科のスタッフたちとストウ医師（前列右から2人目）。真後ろにサリバン医師、前列左端に岡村純医師、2列目右端に金平榮医師、左端にバナイズ医師。（1975年3月＝提供：岡村純氏）

七四年三月三十日、テキサス州ブライアンの地方紙「イーグル」は、ストウが骨肉腫治療でめざましい成果を挙げているとのAP通信の記事を載せている。記事はヒューストン発で「エドワード・ケネディの子息を苦しめたのと同じ骨肉腫のために外科手術を受けた子どもたちのチャンスは、大きく改善されている」と報じた。

MDアンダーソンで七一年十一月から七二年七月までに、外科手術で脚や腕を切断した後に七十二週にわたって「四剤併用療法」を受けた子ども十八人のうち、五五%に当たる十人には再発がなかったとの学会発表の内容である。外科手術の後に放射線療法をする当時の骨肉腫標準治療では、治癒率は一〇～二〇%程度であり、切断時に既に全身に広がっているがん細胞を複数の抗がん剤でたたく化学療法の有効性を伝えている。[*112]

骨肉腫などの小児がんに治療の道を拓いたストウに対する授賞が相次いだ。

一九七六年、第十一回ヒース記念賞が贈られた。テキサス大評議会の元理事長で、駐スウェーデン大使を務めたウィリアム・ヒース（William Heath）が六五年に創設した賞である。がん患者の診療、ケアに貢献した医療関係者を表彰するもので、ファーバー、カルノフスキーら化学療法を牽引した医師や研究者が既に受賞していた。ストウは翌年六月には、ＭＤアンダーソン病院の功労賞も受賞した。

# 第六章　マーシャル諸島

## 南洋の核惨事と誘い

数々の環礁が点在し、「真珠の首飾り」にもたとえられるマーシャル諸島。日本人にとってマーシャル諸島といえば、守備隊の全滅、島に取り残された兵士の飢餓といった戦争の記憶がよみがえり、核の惨事であるビキニ事件の現場として近現代史に深く刻まれた場所である。

マーシャル諸島は十九世紀末からドイツに統治され、日本が第一次世界大戦のときに占領し、委任統治領として支配した。しかし、第二次世界大戦中に米国が占領し、戦後、国連信託統治領として米国の施政下に入り、信託統治が八六年の独立まで続いた。

北西部に位置するビキニ、エニウェトク両環礁は米国の核実験場となり、四六年から五八年まで、近海での爆発を含め六十七回に上る大気圏内核実験が行われた。「死の灰」とも呼ばれるフォールアウト（放射性降下物）が両環礁や風下の環礁、周辺の海に降り注ぎ、地球規模の放射能汚染を引き起こした。

中でも、一九五四年三月一日午前六時四十五分、ビキニ環礁で行われた水爆「ブラボー」の実験は特記しなければならない。事前の計算で五メガトン程度とされていた爆発は、実際には十五メガトンの巨大爆発となった。爆発時の火球が珊瑚礁を破壊し、放射能を含んだ破片が「死の灰」となって東方へ広く飛び散り、島や海上に降り注いだ。

ブラボーは、五四年三月から五月にかけてビキニ、エニウェトク両環礁で行われた六回の核実験「キャッスル作戦」の最初の実験である。キャッスル作戦を実行したのは米海軍、陸軍、原子力委員会など約一万人で構成される第七統合任務部隊（JTF7）である。JTF7はブラボー実験の前、フォールアウトは南風によって北方の海上に流れるとして東方の島々の住民を避難させなかった。ところが南風は西風に変化し、フォールアウトを東方へ運び、近海で操業中の静岡県焼津市のマグロ漁船第五福竜丸など多くの日本漁船の乗組員や、風下のロンゲラップ環礁などの住民が被災、被曝した。

ストウが広島のABCCを離れる約二カ月前の惨事である。

広島、長崎の原爆の場合、人々はまず爆発時に発生した初期放射線に被曝し、その後、核分裂生成物や放射化した瓦礫や塵などから出る残留放射線にも被曝した。しかし、ビキニ水爆では、島民らが被曝したのは爆発時の初期放射線ではなく、フォールアウトである。

フォールアウトは、ビキニ環礁の東約一八〇キロにあるロンゲラップ環礁に雪のように降り、さらに東方のウトリック環礁では霧のようになった。ロンゲラップ環礁の東南端にあるロンゲラップ島には水爆実験当時、住民六十四人がいた。ほかに十八人がロンゲラップ環礁から沖合のアイリングナエ環礁へ釣りやコプラ採りに出掛けていた。

アイリングナエ環礁は普段は無人で、必要に応じてロンゲラップ島の住民が渡航する〝海の入会地〟のような場所である。

ロンゲラップ島の住民計八十二人は実験からようやく二日後に米軍の艦艇と飛行機でクエゼリン環礁へ避難するのだが、この間、放射性降下物を浴びたり、水や食物を通して体内に取り込んだりした。放射能汚染は人だけではなく、首飾りのように広がるロンゲラップ環礁の土壌、動植物など環境全体に及んだ。いったんクエゼリン環礁に避難した住民はその後、マジュロ環礁の島へ移り、帰島の日を待っていた。ロンゲラップ島に帰るのは五七年六月である。

ロンゲラップ島での被曝線量は当初、透過力の高いガンマ線による外部被曝の度合いを示す全身線量で一七五ラド（一・七五グレイ）、アイリングナエ環礁で六九ラド（〇・六九グレイ）、ウトリック環礁で一四ラド（〇・一四グレイ）と推定されていた。単純に比較できないが、ロンゲラップ島民の全身線量は広島原爆の初期放射線にたとえると、爆心地から一二〇〇～一三〇〇メートルで被爆したのに相当する。

しかし、問題は全身線量だけではない。「死の灰」に触れたことにより皮膚がベータ線に被曝したほか、水や食料を通して放射性物質を取り込んだことによる内部被曝が、子どもたちの健康の悪化とともに、やがて大きな問題になっていく。

焦点の一つは甲状腺への悪影響である。甲状腺は喉の左右に蝶のように広がる器官で、身体の新陳代謝を促すホルモンを分泌し、子どもの成長をつかさどる役割を果たしている。

ロンゲラップの子どもたちは水爆実験の直後、危険を知らされないまま、雪のようなフォールアウトに触れていた。その結果、核分裂生成物のヨウ素131が甲状腺に取り込まれ、ベータ線やガンマ線によって甲状腺の組織が傷つけられたのである。

米国立がん研究所（NCI）の最新の推計では、被曝時一～二歳だったロンゲラップ島民の甲状腺被曝線量は二三グレイに上る。[*113] 今でこそ、原発事故時に被曝を防ぐためヨウ素剤が備蓄されるなど、ヨウ素131などの放射性ヨウ素による被曝の危険性は周知の事実だが、マーシャル諸島の人々は子どもたちの異変によって初めてその危険性を知ることになる。

ストウがMDアンダーソンで小児がんとの闘いを始めて四年目を迎えた五七年八月、一通の手紙が届いた。差出人はニューヨーク郊外にあるブルックヘブン国立研究所の医師ロバート・コナードだ。マーシャル諸島の住民を対象にした医学調査団を率いていた。

コナードは、ストウより一歳若い一九一三年生まれ。四一年にサウスカロライナ医科大で学位を取得して医師になった後、海軍に入り、第二次世界大戦中は軍医として米巡洋艦に乗り込み、南太平洋で日本軍と戦った。戦争が終わると、核兵器の放射線が人体に与える影響を調べる研究に携わり、ビキニ、エニウェトク両環礁や米本土ネバダ州での核実験に立ち会った。

水爆「ブラボー」の実験では、島民らの被曝を知った米原子力委員会（AEC）と国防総省がマーシャル諸島に派遣した医療チームの一員として、ロンゲラップ環礁の住民の避難先、クエゼリン環礁で早くから島民の検診などの活動を始めた。この医療チームこそ、水爆による放射性降下物の人体への影響を調べるためにAECと軍が事前に創設していた極秘研究計画「プロジェクト4・1」のチームであった。医療チームの任務は五六年にAEC傘下のブルックヘブン国立研究所に移管され、コナードも予備役となり海軍から同研究所へ異動していた。

「プロジェクト4・1」の存在は、被曝は「偶然」ではなく、あらかじめ仕組まれた人体実験ではなかったのか――というマーシャル諸島の人々の疑念の源でもある。

コナードからの手紙はストウに医学調査への参加を促す内容だった。

一九五四年三月に放射性降下物に被曝したマーシャル諸島の人々に対する医学調査が毎年行われていることはご存じのことだと思います。ただいま、五八年春に行う次回調査の計画を立てているところですが、マーシャル諸島の子どもたちの成長と発達に関する調査が求められています。子どもたちの間で若干の悪影響がみられ、次回調査にはこの分野で経験のある小児科医の参加を必要としています。全米科学アカデミーのロバート・ミラー医師はあなたがふさわしいと推薦しました。*114

ストウは広島のABCC小児科時代に、スタンフォード大のグルーリック教授による予備調査をきっかけに、原爆放射線が子どもたちの成長と発達に及ぼした影響を調査していた。小児科医ストウにとって「成長と発達」は小児がん治療と並ぶ研究テーマであった。

## ロンゲラップへ

広島、長崎では、一九四七年秋のグルーリックによる予備調査の後、ABCCが五〇年代後半にかけて、原爆に被爆した子どもたちと、被爆していないコントロール(比較対照群)の子どもたちを対象に、主に左手首のエックス線写真を撮影し、骨の成熟度を調べたり、身長、体重を測ったりしたほか、裸の状態にして性的な成長の度合いを調べていた。

コナードにストウを紹介したミラーは、前に述べた通り、ABCC小児科部長をストウから引き継ぎ、胎内被爆児の間でみられた原爆小頭症の研究を掘り下げた人物である。五五年にABCCを離任後、上部機関である首都ワシントンの全米科学アカデミー(NAS)に「ABCC研究業務助言者」として職を得ていた。

コナードは当初、ミラーに調査への参加を打診したようだ。しかし、ミラーの進路は既に決まっていた。五七年九月にミシガン大に移り、人類遺伝学教授のジェームズ・ニールらとともに日本の血族結婚(いとこ同士の結婚)に伴う影響を研究する計画が既に進んでいた。ミラーはミシガン大で疫学を研究し、後に米国立がん研究所疫学部長を務める。

五七年夏、もしミラーがコナードの誘いを受け入れていたら、ミラー、ストウの人生は変わっていたに違いない。

ストウは直ちに手紙の内容を上司のテイラーに伝えた。

ストウ医師がロンゲラップで子どもたちの診察と調査を始めたのは1958年2月からのことだった（撮影日不明、テキサス医療センター図書館マクガバン歴史センター所蔵）

　本日、ロバート・コナード医師から手紙を受け取りました。一九五四年三月、偶発的に放射性降下物に被曝したマーシャル諸島の子どもたちを対象に成長と発達を研究する計画に参加するよう求める内容です。研究は五八年春に行われ、最長三週間の予定です。移動時間を含めると約一カ月留守にすることになります。この研究は日本の被爆児に関する私の研究と密接に関連しており、研究への参加を強く希望します。ご手配いただけるのであれば、約一カ月とされる研究のために必要な公休をいただきたい[*115]。

ストウの希望は大学の評議員会で承認

され、マーシャル諸島医学調査への参加が決まった。

ストウが参加する五八年春の調査には大きな特徴があった。

ロンゲラップの住民は五七年六月、三年三カ月ぶりに避難先から帰島した。その年の二月、AECは信託統治領高等弁務官の同意を得て、「ロンゲラップ島は居住可能になった」と宣言し、住宅などの再建を進めたのである。「居住可能」といっても、居住地域は環礁の東南端にあるロンゲラップ島に限られていた。環礁の北部では残留放射線量が大きかったからだ。ロンゲラップ島でも、ストロンチウム90を濃縮するヤシガニを食べることは禁じられた。

五八年春の調査は、避難先で実施されたそれまでの調査とは異なり、初めてロンゲラップで実施される調査だった。

出産、結婚などの影響で住民の数は、水爆実験時にロンゲラップにいなかった「非被曝者」を含め二五〇人に増えていた。避難先で被曝者一人が亡くなり、胎内被曝者四人が生まれ、被曝者の数は八十五人となり、出産や結婚などに伴い新たに一六五人が島民に加わった。

被曝者には、最初の避難先だったクエゼリン環礁で一人一人に被験者番号が付けられ、写真が撮影されていたが、帰島の際には被曝していない住民にも番号が付けられた。

マーシャル諸島住民の被曝問題を長年取材するフォトジャーナリスト豊﨑博光は大著『マーシャル諸島　核の世紀』で、帰島時に「非被曝者」住民に付けられた被験者番号について詳述している。

ロンゲラップ環礁住民が故郷の島に戻った時、非被曝住民一六五人は顔写真が付き、名前、性別、客体番号〈被験者番号〉、生まれた年、出生場所、婚姻の有無と子どもの数が記入されたピンク色の証明カードを持たされた。カードの上部には、「特別医療グループ。ロンゲラップ非被曝者」と印刷されていた（非被曝住民のうち、特に被曝住民八五人の比較対象〈対照〉者とされた同年齢、同性の人には一〇〇〇番台の客体番号が付けられた。例えば、客体番号四〇を付けられた村長ジョン・アンジャインの対象〈対照〉者の客体番号は一〇四〇とされた）。〈中略〉故郷の島に戻った被曝、非被曝ロンゲラップ環礁住民は、「人間に関する価値ある環境放射能データを提供する」ことを担わされたのである。（〈　〉内は筆者）*116

五八年春の調査のメンバーは総勢二十一人。米国からコナード、ストウら医師八人、科学者五人、技官六人の計十九人が参加し、マーシャル諸島からは技官二人が参加した。

また、住民の内部被曝を調べるため、ブルックヘブン国立研究所がホールボディーカウンター（WBC）を開発した。体内に取り込まれた放射性物質が出すガンマ線を検知する装置である。「鉄の部屋」と呼ばれる一・七メートル四方、奥行き約二メートル、重さ二十一トンの装置は戦車揚陸艦でハワイからロンゲラップ島へ運ばれた。

## 繰り返された手法

ストウは五八年二月中旬、ハワイを経由して軍の輸送機でマーシャル諸島・クエゼリン環礁に向かい、戦車揚陸艦に乗り換えロンゲラップ島に着いた。島では約三週間、子どもを診察した。被曝者八十五人のうち、一九五四年三月一日の時点で十歳未満は二十人前後。ほかに比較対照群の非被曝者の中にも大勢の子どもがいた。診察とともに、身長、体重を測り、左手首や膝のエックス線写真を撮影した。

広島、長崎で被爆児とその比較対照群の子どもたちに対し、左手首など関節のエックス線撮影が行われたことは、既に述べた。子どもの骨の成熟状態、骨年齢をつかむために同じ手法の調査がロンゲラップの子どもたちにも行われたのである。

ストウが参加する前年の五七年春に、コナードらがマジュロ環礁とウトリック環礁で行った医学調査の報告書をみると、子どもたちの左手首のエックス線写真の分析結果が既に掲載されている。

　最近、さまざまな年齢の子どもについて、注意深く標準化した左手首に関する一連の研究が出版され、骨年齢の信頼すべき指標となることが分かった。検査したマーシャル諸島の子どもたちの手首のエックス線写真すべてを、この標準と比べてみた。標準は北欧系白人の子どもたちである。（中略）四歳から九歳の被曝した子どもたちについて、漠然とした骨成熟の発達の遅れに注目してもよいだろう。[*117]

コナードらがマーシャル諸島の子どもたちのエックス線写真と比較したのは、スタンフォード大教授のグルーリックが五〇年に出版した図譜集（William Walter Greulich, S. Idell Pyle, Radiographic Atlas of Skeletal Development of the Hand and Wrist）を指している。グルーリックの図譜集に登場する骨年齢を標準として、マーシャル諸島の子どもたちの左手首のエックス線写真を見比べたことが分かる。

五七年春の調査では被曝群の子どもについて左手首のエックス線写真を撮影した。人数は報告書には明記されていない。しかし、同時に行われたとみられる身長、体重計測の被験者（四〜十九歳）の数は、男子が被曝群十四人、コントロール（比較対照群）四十八人、女児が被曝群十九人、コントロール四十六人で、計百二十七人である。被曝群三十三人が左手首のエックス線写真を撮影された可能性が高い。

被曝群とは、五四年三月一日にロンゲラップ島やアイリングナエ環礁にいた子どもたちを指し、コントロールとは、ロンゲラップ島を離れていて被曝しなかった子どもたちやウトリック環礁の子どもたちを指している。

医学調査団は子どもたちや親には調査の目的を伝え、同意を得ていたのだろうか。コントロールを被曝させるのは無用の被曝ではないのか。広島、長崎の子どもたちに対するエックス線撮影のときに抱いたのと同じ疑問がわいてくる。

五七年八月、コナードは「成長と発達」の責任者として調査に参加できないかストウに打診した際に、子どもたちの間でみられる「若干の悪影響」に言及した。「悪影響」とは、四歳から九歳までの子に骨の成熟に遅れがみられるようだとの五七年春調査の分析結果であったのかもしれない。五七年春調査で撮影された写真を分析したのは国立衛生研究所（ＮＩＨ）の放射線科医師リー・ラステッドだった。ラステッドは五七年十一月、ベセスダからヒューストンのストウに手紙を送り、五八年春の調査では左手首に加えて、すねの内側にある脛骨の写真も撮影するよう要請していた。[*118]

ストウが初めて参加した五八年春の調査で何人の子どもたちのエックス線写真を撮影したのか、正式な報告書には明記されていない。しかし、ストウが五八年七月にコナードに送った報告案[*119]によると、小児科検診の対象は二十歳未満の住民だった。次のような一覧表が含まれている。

| | |
|---|---|
| マジュロ比較対照群（一〇〇〇番台） | 二〇人 |
| ロンゲラップ比較対照群（八〇〇、九〇〇番台） | 六〇人 |
| ロンゲラップ被曝群 | 三五人 |
| ロンゲラップ被曝群（胎内） | 四人 |
| ロンゲラップ新生児（五四年三月以降妊娠） | |
| 親が被曝 | 一三人 |
| 親が非被曝 | 二六人 |
| 合計 | 一五八人 |

報告案の中でストウは「五七年十一月と十二月に子ども六人（うち被曝児五人）が感染性肝炎

とみられる病気にかかった」と記した。被曝と感染性肝炎という言葉に、コナードは反応する。「この数字の出所は？　調査票を見ても一例としか出てこないので、どうか教えてください。肝炎が日本の漁船員の間で広がっただけに、この記述は関心を呼びます」[*120]

第五福竜丸の無線長久保山愛吉が被曝から半年後に亡くなっている。都築正男ら日本側医師団は死因を「放射能症」と発表。これに対し米原子力委員会（ＡＥＣ）生物医学局は、死因は輸血による血清肝炎としていた。被曝が直接の死因かどうかをめぐり、日米が対立した経緯があった。

精査した結果、報告書には「子ども六人（うち被曝児四人）が感染性肝炎」と記された。被曝児の数が減った経緯は不明だ。小児科検診対象の一覧表は、年齢の精査が必要なことから報告書には載らなかった。

ストウは五八年五月、調査団のメンバーである海軍放射線防衛研究所（サンフランシスコ）の統計学者ハイマン・ヘクターに手紙を送り、被験者十三人の誕生日が明らかに間違っている点を指摘した上で「子どもたちの年齢の問題が解決されない限り、成長に関するデータをさらに分析することは現時点で正当化できない」と述べている。[*121]あやふやな数字は報告書には載せないとコナードが判断した。

ストウ関連文書を所蔵するテキサス医療センター図書館には、鉛筆で細かく生年月日が書き加えられた五七年当時の被験者リストや、ストウらが作成したとみられる島民の家系図が残されている。このころ、ストウは小児がん治療に向け抗がん剤の臨床試験にも携わっており、生物統計に対する厳格な姿勢を垣間見ることができる。

## 残留放射線

実は調査後、ある事件が起きていた。手首と膝のエックス線写真、住民約二百人を対象にホールボディーカウンターで調べた体内放射性物質量のデータなどを載せた米軍機が飛行中、トラブルを起こし、積み荷を海中に投棄してしまったのである。検査データの核心部分は文字通り、海の藻屑となって消えた。

そんなこともあってか、五八年春調査の報告書の中でストウが担当した「成長と発達」の項は、子どもたちの年齢があやふやなので厳密に調べる必要がある点を指摘した以外には、実にそっけない内容だった。

波静かなラグーンが広がる珊瑚礁の島に暮らす人々にストウは親近感を抱いたようだ。

「マーシャル諸島への旅行はとても面白く、冒険のようでした。土地の人々の多くは、ご存じの通り、日本統治下で育ちましたから、とても流ちょうに日本語を話します。私たちは約三週間で調査を終えました」[*122]

五八年五月、岡山大学医学部長の八木日出雄に送った手紙の中で初めて参加した医学調査の感想をこう記している。八木は翌月、岡山大学学長に就任するのだが、前年、ヒューストンを訪れ、がん研究用の純系マウスをベイラー医大から岡山大へ譲り分けてもらう交渉をまとめていた。

五八年春調査の報告書の別の項には、コナードらの医学調査の本質にかかわる事項が述べられていた。

ロンゲラップの人々は世界平均よりもはるかに高いレベルの放射線に被曝した興味深い被験者グループを提供している。現時点では、データからみても、放射性核種の体内量は病的な過程に至るようなレベルには達しないだろう。以前に指摘されたように、一九五四年三月に致死量未満のガンマ線被曝をした後、白血病を発病することは、日本の被爆者の経験に基づけば起こりそうもない。特に被曝者が少数である点からみてもそうである。環境汚染に起因する低レベルの体内負荷が加わっても、白血病発病の可能性が高まるとは思えない。こうした人々をロンゲラップ島に居住させることは、人類にかかわる最も価値のある生態学的な放射線研究の機会をもたらす。ごく少量の放射性同位元素はトレーサー研究には必要であるので、島に存在するいろいろな放射性核種を追えば、土壌から食料を通じて人間に至る経路を追跡できる。組織や器官への広がり、生物学的半減時間、排せつ率も研究できる。[*123]

ロンゲラップの人々を残留放射能に汚染された環境に置き、プルトニウムやセシウム１３７など半減期の長い核種をトレーサー代わりにして、放射性物質の挙動を調べようとする姿勢を、報告書は鮮明に打ち出している。

五八年春調査の報告書を読み進めると、尿中のセシウム１３７濃度などから、ロンゲラップの住民が食料や水から放射性物質を体内に取り込む様子がうかがえる。五四年当時に「死の灰」を浴びなかった人たちも、帰島に伴い、日々の暮らしの中で徐々に被曝していたのである。

しかも、調査団が去った五八年四月二十八日から八月十八日にかけて、米国は計三十五回、三十五・六メガトンにも上る核実験「ハードタックI作戦」をビキニ、エニウェトク両環礁で実施し、環境汚染に拍車を掛けた。ロンゲラップの住民のガンマ線被曝線量は五八年三月の時点で年間二・五ミリシーベルト相当だったのが、同八月の時点には核実験の影響で五ミリシーベルト相当に上昇したと五八年春の調査報告書に記されている。

「白血病は起こりそうもない」などと放射線被害を過小評価する一方で、核実験継続による残留放射線の影響を冷徹に観察した五八年春のマーシャル諸島医学調査。ロンゲラップの人々を苦しめたのは五四年三月のブラボー水爆が降らせた「死の灰」だけではなかった。「安全」とされ住民が戻った故郷の島では、核実験の放射性降下物による環境汚染が続いていたのである。被曝させられた人々をケアするのではなく、まるで実験動物のように扱うブルックヘブン国立研究所や米原子力委員会（現エネルギー省）の姿勢は、のちに厳しい批判にさらされる。

こうした姿勢は、研究者が陥りがちな落とし穴である。ストウ自身も例外ではなかった。六一年十月にコナードに送った手紙の中で、染色体の変化を基に放射線による損傷を評価する技術について触れた上で、こう述べている。

「この方法は、残留放射線や環境放射線に被曝するのを見つけ、追跡する問題への理想的なアプローチに思えます。マーシャル諸島の人々はこのタイプの研究に最もふさわしいでしょう」*124

やがて島の人々は甲状腺腫や甲状腺がん、急性骨髄性白血病、流産や死産などを経験するに従って、残留放射能を「ポイズン」（毒）と呼ぶようになった。コナードらの医学調査に対する不信を募らせ、ストウが亡くなり、コナードが引退した後の一九八五年五月二十日には故郷の島を再び離れ、クエゼリン環礁やマジュロ環礁などで散り散りの生活を送り、現在に至っている。

## 成長と甲状腺

ストウのマーシャル諸島医学調査への参加は五八年春以来、七二年九月までに計十一回に上る。具体的には五八年、五九年、六一年、六二年、六三年、六五年、六七年、六八年、六九年、七一年、七二年である。[*125] その立場はブルックヘブン国立研究所の研究協力者だった。

ストウの役割は、ABCCで広島、長崎の被爆児を調査した経験を生かし、フォールアウト（放射性降下物）の放射線に被曝したロンゲラップの子どもたちの成長と発達を追跡することにあった。

「若年で被曝したロンゲラップの子どもたちの間で顕著なフォールアウト放射線の晩発影響は、成長の遅滞と甲状腺異常の発生です」[*126]

六九年五月、米ワシントン州リッチランドで開かれたシンポジウムで、ストウは、コナードと共同執筆した報告書「マーシャル諸島の子どもたちに及ぼすフォールアウト放射線の影響」を発表した。リッチランドは、長崎原爆のプルトニウムが生産されたハンフォード施設に隣接する町である。水爆ブラボーの実験から十五年。ストウが調査に参加してから十一年がたち、胎内で被曝した最も若い子どもたちも思春期に入り、成長と発達の調査もまとめの時期を迎えていた。

この報告を基に、ストウがロンゲラップの子どもたちから何を学んだのかをみてみよう。年齢を精査した結果、五四年三月の水爆実験時に十歳未満だった調査対象者は次の通りである。

ロンゲラップ・被曝一九人、胎内被曝四人　（ガンマ線量一七五ラド、甲状腺線量七〇〇～一四〇〇ラド）
アイリングナエ・被曝六人　（ガンマ線量六九ラド、甲状腺線量二七五～五五〇ラド）
ウトリック・被曝五四人　（ガンマ線量一四ラド、甲状腺線量五五～一一〇ラド）
ロンゲラップ・非被曝四八人　（注）一ラドは〇・〇一グレイ

被曝児はロンゲラップとアイリングナエを合わせて二十九人、比較対照群は比較的被曝線量の少ないウトリックを含め一〇二人である。

被曝時五歳以下の男児の身長をみると、比較対照群よりも統計学的に有意に低く、被曝時の年齢が上のグループと比べても低かった。女児には有意の差は見られなかった。また、体重については男女とも、被曝児と比較対照群の間で有意な差は見られなかった。

甲状腺をめぐっては六三年春の調査で異変が確認された。

ロンゲラップ島で三歳四カ月のときに被曝した十二歳の女児の甲状腺に結節（しこり）が見つかり、翌年八月、グアムの米海軍病院で甲状腺の全摘手術を受けた。摘出前に悪性とみられていた結節は、病理検査の結果、良性の甲状腺腫と分かった。

六四年春の調査でも、ロンゲラップ島で被曝した女児二人に結節が見つかり、一人は全摘、もう一人は部分摘出の手術を受けた。二人とも良性だった。その後の五年間に、さらに十二人の甲状腺から結節が見つかった。ほかに二人が甲状腺機能低下症と診断された。六五年から甲状腺ホルモン剤の服用が始まる。いったん甲状腺を摘出すると、甲状腺ホルモンを分泌できなくなるため、ホルモン剤を定期的に服用する必要があるからだ。

ロンゲラップ島で十歳未満で被曝した十九人のうち、実に九割に当たる十七人に甲状腺の異常が表れたことになる。十二人が甲状腺の摘出手術を受けたが、いずれも良性だった。六九年の時点で、十九人中十五人が患った甲状腺結節について、ストウらはこう分析した。

1963年、ロンゲラップ島で記念写真に収まるストウ医師（前列左）。隣にコナード医師、真後ろにモロニー医師の姿がある。ストウ医師のマーシャル諸島医学調査への参加は計11回に及んだ。（提供：テキサス医療センター図書館マクガバン歴史センター）

「被曝時の年齢を考えると、腫瘍は最初、より若年で被曝して思春期を迎えた女児から見つかった。十五人中十三人では、放射線被曝と腫瘍発現の潜伏期は十〜十三年だった」

水爆実験のフォールアウト（放射性降下物）が降り注いだとき、子どもたちは屋外でほとんど裸の状態で遊んでいた。米軍が飛行機や艦船で住民を避難させるまでの二日間に、子どもたちは地面に積もったフォールアウトに触り、水や食事を通して体内に大量の放射性物質を取り込んだのである。極めて高い頻度で甲状腺異常が発生した点についてストウは「子どもたちの甲状腺被曝線量が大きかったためだけでなく、傷ついた細胞を取り換えないまま甲状腺の成長活動が増大したこととも関係している」と述べた。幼いころの被曝が甲状腺の組織を壊し、子どもたちが思春期を迎えるに従って健康に悪影響を及ぼし、成長の遅滞をもたらしたとみていた。

さらにこの年、七歳で被曝した女性が手術の結果、甲状腺がんと診断された。当然ながらストウは「フォールアウトの放射線と発がんの関係は真剣に評価されなければならない」と警告した。

ストウは一九七九年十月、ABCC時代に長崎で胎内被爆の調査をした旧知の小児科医、ジェームズ・ヤマザキに手紙[*127]を送り、重要な事実を伝えた。ロンゲラップ環礁で妊娠初期に胎内で被曝した一人が、小頭であり、甲状腺腫も発症していたのである。「頭は小さく、十七歳で頭囲五〇・五センチです。妊娠初期に被曝した二人と、妊娠中期に被曝した一人（甲状腺結節を発症）はロンゲラップ環礁で全身に一七五ラドを超える放射線を受けています」。ヤマザキは広島、長崎の原爆小頭症を思い起こした。核兵器が子どもたちに残した傷痕がいかに深いことか。その脅威は晩年を迎えたストウの脳裏から消えなかったことを、この手紙は物語る。

## 診察、野球、そして貝の採集

二〇〇五年四月、テキサス医療センターに残された被曝者リストにある二人の女性と会うためマーシャル諸島を訪れた。二人とは、水爆実験のときにロンゲラップ島にいたリミヨ・エボンと、沖合のアイリングナエ環礁シフォ島にいたナミコ・アンジャインである。リミヨには「67」、ナミコには「70」の被験者番号が付いていた。水爆実験から半世紀。ともに六十代半ばを迎えていた。

首都マジュロで二人と落ち合い、空港から島回りのプロペラ機でロンゲラップ島を目指した。強い北風が吹いていた。空港近くのラグーンに白波が立ち、ココヤシの木立を揺らす。出発を待つ間、空港のベンチで二人にストウの写真を見てもらった。

母親に抱かれた幼児の背中に聴診器をあてるストウが写っている。リミヨはつぶやいた。

「これはロンゲラップの診療所。彼のことなら覚えている。住民に愛情を持って接してくれた。DOE（米エネルギー省）の人は嫌いだけど、彼には感謝しているわ」

隣に座るナミコもうなずいた。二人とも、成人してから、米国で甲状腺の摘出や腫瘍切除の手術を受けた。核実験のつめ跡である。

写真の母親は「ローズ」といい、五四年当時の被曝者ではないが、既に亡くなったと教えてくれた。

ロンゲラップ島を日帰りの強行軍で訪れた後、マジュロのホテルで年配の男性が取材に応じてくれた。

くれた。米ブルックヘブン国立研究所の医学調査に技官兼通訳として長年参加したセビオ・ショナイバーである。

「ドクター・ストウは小児科医としてベストだった」

ストウがロンゲラップで子どもたちを診察するときの様子を、ショナイバーはよく覚えている。子どもは「痛い」とただ泣くだけだ。頭が痛いのか、腹が痛いのか、背中が痛いのか分からない。ストウはいつもとても穏やかに子どもと接し、痛いところを見つけていた。

「子どもたちもストウを怖がらなかった。患者に対する態度がとても良かった」とショナイバーは言う。

ミクロネシア連邦のポンペイ島出身のショナイバーはかつてフィジーの医科大に在籍したことがある。二年まで学んだが、母親の病気のためポンペイ島に帰り、実験室の技術者として働き、やがてマーシャル諸島のマジュロ病院に職を得ていた。それだけに医師の振る舞いを見る眼は確かだ。

五九年から九〇年までほぼ毎年、現地スタッフとしてマーシャル諸島医学調査に参加している。そんなショナイバーに「ほかにストウの思い出は」と聞くと、野球の話をしてくれた。

「ロンゲラップで土曜日の診察は半日だから、午後に野球をしました。メディカルチームとロンゲラップチームに分かれてね。ドクター・ストウはセンターを守った。大きなフライをキャッチして、いい選手だったよ」

六〇年代の風景のひとこまだろう。そのときの試合は三時間にも及んだという。ストウは、故郷グアダループで子どもの頃から親しんだ野球のプレーを、ロンゲラップでも楽しんでいた。

「毒だから危ないと、住民に何故言わなかったのか」。ショナイバーは残留放射能にまみれたロンゲラップ島に人々を住まわせ、毎年一回、米本土から調査にやってくる米国人たちを内心苦々しく思っていたようだ。

島民がフォールアウトに被曝した経緯についても「突然、風向きが変わったと米国は説明するが、それは嘘を隠すための言い方」と疑念をあらわにした。「しかし、上司に文句を言わないのがミリタリー・スピリッツだから……」とそれ以上は口をつぐんだ。

そんなショナイバーだが、ストウについては特別な友情を感じていたようだ。「ワタルは私の友達。だけど、もう休んじゃったよ」と別れ間際に日本語でつぶやいたのが印象に残っている。現地からの便りによると、ショナイバーは二〇一三年春にマジュロで亡くなった。七十六歳だった。

テキサス医療センター図書館には、ストウが島民と交わした手紙がいくつか残されている。

「親愛なるドクター・W・W・ストウ様　とても混乱なさっていると思います。私はカトナール・マリリンで、父の名はティマ・マリリンです」[*128]

六五年十月、こんな書き出しで始まり、便箋二枚に手書きされた手紙がヒューストンのストウ宅に届いた。差出人は、首都マジュロの男子高校生カトナール・ティマ・マリリン、十八歳。七歳のときにロンゲラップ島で被曝していた。カトナールの父ティマも被曝者だ。

手紙によれば、六一年にロンゲラップを出てマジュロの高校に入学して以来、父と会っていないのだという。半年前の手紙で、父がストウの住所を教えてくれたので、拙い英語でストウに手紙を出したのである。

ストウはこんな返信を書いている。

「私は君とご家族のことをよく覚えていますよ。君が頑張っていることを知り、たいへん嬉しいです。（中略）どんな貝を集めていますか？　面白い海の貝を見つけたら、私に郵送してください。友人は皆、マーシャル諸島の貝を欲しがっています。喜んで代わりの品をお送りします。また手紙を書いてください。あなたの学業に関心があります。特に米国で勉強する気があるかどうか知りたいです。あなたのような若者にとって良き教育は将来の成功への最良の道だと信じています*129」

その後、カトナールはハワイ・マウイ島の単科大学へ進学する。カトナール青年が医学に興味があると知り、ストウは六八年三月と七月に手紙で医学部進学を促した。

「ヒッキング医師から全情報を得ることを強く勧めます。信託統治領政府が医師を目指す人物に支援を惜しみません。直接、ヒッキング医師と連絡を取りなさい。彼は信託統治領政府の医学面を取り扱うトップですから」

「きょう、ヒッキング医師から手紙を受け取りました。メディカルスクールへの応募書類を既に君に送ったが、音沙汰がないという。もし、医学に興味があるのなら、直ちに手紙を書きなさい。同じ地位を求める人がいるかもしれない。奨学金の対象者はとても少ないので、応募書類に記載された人と場所に急いで手紙を書きなさい」

ストウはカトナールの医学部進学について、サイパンの信託統治領政府の医学責任者に相談し、お膳立てをしていた。ロンゲラップ島出身の若者の中から医療従事者が出てほしいとの希望がうかがえる。しかし、カトナールにその意が通じたのかは分からない。

ストウは、ブラボー実験当時のロンゲラップ村長であるジョン・アンジャインとも文通をしていた。六八年十一月五日付で、こんな手紙をジョンに書いている。

ジョンが、イバイ（クエゼリン環礁）から送った十月二十五日付の手紙を確かに受け取ったと知らせ、「あなたからのアウラック（aurak）の荷物が届きましたが、別々に紙で包んでいなかったので、大半が壊れていました」と知らせた。[*130]「アウラック」とはマーシャル諸島に生息する稀少な巻き貝で、スイショウガイ科に属し、和名はコッテイソデ（学名 Strombus taurus Reeve）という。

「コナード医師から来年一九六九年の医学調査にもう一度来るよう頼まれています。必要な準備ができれば、来年ロンゲラップで会いましょう。（中略）いつロンゲラップに帰っているか教えてください」

ジョンは十一月十一日付で返信した。「九月に荷造りしたときには間違ってしまいました。今度は別々に紙で包みます。十一月二十日に帰郷します。（中略）来年、ロンゲラップで会って、たくさんのアウラックを見つけましょう[*131]」。ストウはジョンのために賛美歌などの歌の本を買い求め、送っている。ジョンはこのころ、残留放射能に対する健康不安などから妻や一人息子のレコジと共にロンゲラップを離れ、イバイやマジュロで暮らしていた。

ストウの娘エレンによれば、ストウは元村長のジョンから環礁にある小島に出入りし、貝を採ることを許されていたという。

エレンの話を裏付ける文章をストウの友人が書いていた。エックス線写真などの補助要員として六三年から医学調査に加わったアーネスト・リビー（Earnest Libby）である。リビーは七一年、ハワイの貝殻収集愛好家の機関誌に、六三年に生きているコッテイソデをストウと共にロンゲラップ環礁で発見して以来、貝殻収集の趣味にはまった体験を綴っている。

「アーニー、アーニー、早く来て、写真を撮って」。それは親友、ワタル・ストウ医師の声だった。私の目にはカタツムリのように見えるものと一緒にストウは遊んでいた。彼の機嫌を取って、何枚か写真を撮影した。生きているコッテイソデが撮影されたのはおそらく初めてだと、後で知った。（中略）次の夏、コッテイソデの貝殻二枚を〝貝殻工場〟に持ち込むと、ザック二個分の貝殻と交換できた。ワットは私をコッテイソデの発育場所に連れて行ってくれたのだ。（中略）ワットと私は毎年のように、ロンゲラップの人たちが「リビーとストウの島」と呼ぶ場所にコッテイソデを探しに行った。[*132]

リビーによれば、ロンゲラップでの医学調査で迎える三度目の日曜日にはストウと島の子どもたち数人と一緒に「リビーとストウの島」へ貝採集に出掛けた。泳げないストウは、椰子の実数個をロープで結わえた〝救命胴衣〟を腰に付けていた。

ストウは故郷グアタルーペで送った少年時代に、砂丘が広がる海岸へよく出掛け、広島のABCC時代にも瀬戸内海で貝殻を拾い集めたようだ。ストウの貝収集の趣味はロンゲラップ訪問を重ねるたびに深くなり、次第に全米有数の収集家として知られるようになった。

## ボイコット

一九七二年は、ストウとロンゲラップの人々、特にジョン・アンジャインにとって悲痛な年になった。ストウがマーシャル諸島医学調査に参加したのも、この年が最後である。

ジョンの一人息子、レコジが体調を崩し、九月に急性骨髄性白血病と診断され、十一月、入院先の米メリーランド州ベセスダの国立衛生研究所で亡くなった。十九歳の若さだった。その死は明らかに水爆実験の影響である。レコジは一歳のとき、ロンゲラップ環礁で被曝し、十三歳のときには甲状腺摘出手術を受けていた。

レコジ逝去に先立ち、七二年三月に実施されるはずだった調査は、ロンゲラップの住民によるボイコットに遭い、中止された。ミクロネシア議会でロンゲラップなどマーシャル諸島北部を選挙区としていたアタジ・バロス議員が前年、ホノルルや広島を訪問し、島民たちの健康状態の悪化とブルックヘブン国立研究所による医学調査の問題点を訴えていたのである。

マーシャル諸島住民の苦衷をいちはやく日本へ伝えたジャーナリストの一人である斉藤達雄は著書『ミクロネシア』の中で、バロスの肉声を伝えている。

被曝地のロンゲラップやウトリックを選挙区内にもつアタジ・バロス議員（ミクロネシア議会下院議員）が、ミクロネシアの被曝問題を米国の世論に訴えるためホノルルにやってきたのは、七一年の夏のことだった。

「人々はいまも病気に苦しんでいる。十分な医療を受けていないどころか、年一回やってくるAEC派遣の医師たちによって、格好の研究対象にされている[*133]」

バロスは七一年八月に来日し、原水禁国民会議（当時の社会党・総評系）主催の原水爆禁止世界大会で同様に訴えた。原水禁国民会議は「日本人医師に診察してほしい」とのバロスの声に応え、七一年十二月にロンゲラップ環礁の住民を診察する調査団派遣を計画する。原水禁常任委員の本多きみを団長とし、甲状腺がん治療を専門とする広島大原爆放射能医学研究所教授の江崎治夫、原水禁事務局員の池山重朗ら六人で構成する調査団が同年十二月八日に首都マジュロに到着した。しかし、調査活動は信託統治領高等弁務官から許可されず、当時マジュロで暮らしていたジョン・アンジャインらから聞き取り調査をして同十八日に帰国した[*134]。原水禁派遣調査団の入域拒否は、バロスやロンゲラップの住民を大いに落胆させたようだ。

このころ、マーシャル諸島が属するミクロネシアは、国連信託統治領の後、ミクロネシアとしてまとまって独立を目指すのか、米国の属領となるのか政治的にも大きな岐路に立とうとしていた。もちろん、太平洋の核をどうするのかは重要な論点の一つだった。

米国からの独立か、追従か。非核の道を選ぶかどうか。日本の原水禁運動と連携しようとするバロスらの行動も、ミクロネシアの将来を考える政治の大きな流れの中にあった。バロスは七二年一月、ロンゲラップ、ウトリック両環礁の住民の健康状態を調査する特別委員会の設置を求める議案をミクロネシア議会に提出した。

こうして迎えた七二年三月、コナードらの医学調査はロンゲラップ島の住民にボイコットされた。このときの医学調査団にストウは参加していない。

ボイコットの経緯をブルックヘブン国立研究所側が関係者に説明するためにまとめた文書がストウの元に残されている。筆者は明記されていないが、コナードとみられる。[*135]

それによれば、七二年三月の調査では、前年十二月の原水禁調査団の一員だった広島大教授の江崎治夫に参加を要請し、内諾を得ていた。江崎の専門は甲状腺がん治療である。

七二年三月の調査のポイントの一つは、ロンゲラップの住民の間で頻発する甲状腺異常を追跡し、治療することであり、特に前年までに甲状腺がんと確認され手術を受けた住民の検診が重要だった。しかし、三月一日、ハワイの病院で診察するはずだった患者四人は到着していなかった。

さらに江崎も持病の十二指腸潰瘍のため急きょ参加できなくなった。医学調査団はイバイ島では住民約五十人を診察できたが、住民の多くは日本人の専門家である江崎の診察を期待していたようだ。ロンゲラップでは、状況がさらに悪化した。「江崎が参加しないので検診には行かないように」とのバロスからの伝言を地元議員が住民に呼び掛けていた。三月十六日には「残念ながらロンゲラップの住民は今年のAEC医学チームによる調査には協力できません。私たちの議員から協力しないようにと助言されました」との住民の声明もコナードらに伝えられた。ロンゲラップとウトリック、マジュロでも検診できず、調査団は三月二十二日にクエゼリンを離れ、ホノルルに向かった。
この文書には、米国はなぜ住民を十分治療しないのかという問い掛けに対する答えも記載されている。

言うまでもなく、道理に合わない非難を受けてショックを受けた。長年にわたりロンゲラップとウトリックの人々とはとても良い関係を築いてきたし、血液採取を含め拒否例はごくわずかだった。非難のある部分について唯一説明できるとすれば、検診結果を説明しづらくしている言葉の障壁が関係していたのだろう。大半の住民は治療を必要としていないとしても、何の治療もなされなかったとき、無視されたと感じたのかもしれない。（中略）われわれの主な責任は、甲状腺異常のような放射線がもたらす影響を特別に治療する点にあり、住民の日常の医療は信託統治領政府が責任を持っている。

ここで表明されたのは、放射線の影響による疾病は特別に治療するが、住民に対する日常の医療は地元の政府の責任だとする狭量な態度である。すなわち、調査する米国側に、豊かな自然の恵みを享受してきた伝統的な暮らし全体を核実験が破壊してしまったとの認識はなく、もともと医療の基盤が乏しい地域で起きた放射能汚染がもたらす厄災への洞察もみられない。「調査すれども治療せず」と批判された広島、長崎のＡＢＣＣのありさまと似かよっている。

当時、取材に当たった斉藤達雄によると、ボイコットの直後、バロスは「ＡＥＣ医師団がやっているることは〝血液採取〟であって、人間に対する治療ではない。米国は、わが同胞を〝モルモット〟にしている」と断言した。また、被曝者たちも同様の不信感をあらわにしたという。*136

## 医療とは

住民のボイコットはストウにとって大きな衝撃だった。ストウは七二年五月、当時サイパンにあったミクロネシア議会に対し、医学調査の実施を強く求める書簡を送った。

この中でストウはまず、自らが米原子力委員会（ＡＥＣ）や米連邦政府とは無関係であり、コナードらの医学調査には無報酬で参加してきた点を強調し「私の関心は住民の健康、特に不幸にもフォールアウトの放射線に被曝させられた子どもたちの健康です」と述べた。「ことしの調査が計画通りに実施されなかったと知り、大変落胆しました」と遺憾の意を表明し、さまざまな検査と経験ある医学専門家の技量があいまって、放射線被曝による悪影響を早期につかみ、必要な治療を速やかに進めることができると強調した。

特に七二年春の調査では、深刻な症状が示されていた三例のうち二例について適切な医療機関でさらに外科手術をする必要があり、追跡調査が重要であったとストウは指摘した。がんの症例を適切に扱い、迅速な治療をするためには継続的な検査によって再発や病気の広がりをつかむ必要がある。そのうえでストウはミクロネシア議会に、こう要請した。

最も強い言葉をもって力説したい。調査の医学的側面は政治的な考慮とはまったく異なります。政治的な行動や決定によって医学的な便益が損なわれることはけっして許されません。いつもの医学検査を行わなければ、住民の多くの健康が損なわれかねません。[*137]

これに対し、ミクロネシア議会が設置した「ロンゲラップ、ウトリック両環礁に関する特別委員会」のオリンピオ・ボージャ委員長は八月になってストウに返信を送った。六月に日本を訪問して被曝関連の施設を視察し、七月にはマーシャル諸島を視察したこと、九月七日に再開予定の医学調査には日本と世界保健機関（WHO）、米公衆衛生局（USPHS）の医師が参加することを伝える内容だった。[*138]

七二年九月、特別委の求めに応じて日本から参加したのは、第五福竜丸乗組員を治療し健康を追跡していた科学技術庁（現独立行政法人）放射線医学総合研究所（放医研）の熊取敏之、前年十二月に原水禁派遣調査団の一員としてロンゲラップへの入域を拒否された広島大教授の江崎治夫の二人である。

この時の調査にはストウも参加した。ストウと熊取、江崎の間でどんな会話が交わされたのだろうか。これがストウ最後の現地調査となった。

江崎は長年、広島で被爆者の甲状腺がん治療に携わり、米国留学の経験もあった。調査の後、報告書[*139]をミクロネシア議会に提出した。

報告書は「住民の健康や衛生を守るために施設を拡充すべきだ」と医療体制の整備を促し、調査団による年一回の検診も「年三〜四回」が望ましいと指摘した。

前述の通り、米国の医師たちは住民の甲状腺に結節を見つけると、グアムや米本土の病院で甲状腺の切除手術をしていた。しかし、病理検査の結果、良性と分かる症例が多かった。こうした状況について江崎は「小さな腺腫様甲状腺腫なら全摘手術は必要ない。経過を観察し、がんが強く疑われる場合に手術をするべきだ」と医学調査団の過去の対応を暗に批判した。その上で「経過観察が十分出来ない環境下では切除はやむを得なかった」と結論づけたのである。

ロンゲラップの住民とコナード双方に配慮した内容だった。

広島大医学部で江崎の弟子だった甲状腺専門医、武市宣雄は「十分な医療を受けられない島の人々と、米国の板挟みになった様子が報告書の内容からうかがえる」と話す。武市によれば、このころ、江崎はコナードら米国側から「一緒に島民を診よう」と誘われるのを待っている節があった。しかし、米側にその動きはなく、マーシャル諸島住民の診察、治療をめぐる日米協力は実現しなかった。

一方、ストウは七二年九月を最後に、医学調査から離れた。小児がん治療の弟子である藤本孟男はストウから意外なことを頼まれたことがある。

「マーシャル諸島の調査を日本ができないか」

藤本は放医研関係者に打診したが、一蹴されて終わった。ストウと江崎の思いは交わることがなかった。

息子を白血病で亡くしたジョン・アンジャインは、核実験による被害の補償を求め、核兵器の撤廃を願う島民たちの運動の先頭に立ち、頻繁に日本を訪れた。二〇〇四年七月二十日、療養先のハワイで亡くなった。八十一歳だった。

住民のボイコットを契機に、ブルックヘブン国立研究所は米国人医師一人をマーシャル諸島に駐在させるようになった。一九七五年六月から一年二カ月の間、二人目の駐在医として働いた医師コンラッド・コトラディは七七年一月に報告書をまとめた。研究の目標が「放射線の晩発的影響」と狭く、マーシャル諸島の住民がモルモット扱いされていると感じるのは当然だとして、コナードらの医学調査の在り方を厳しく批判した。[*140]

ロンゲラップの人々は健康一般に最大のニーズがあると考えている。日常生活や子どものいのちが最大の関心事であり、皆、放射線がいのちにどんな影響を及ぼすのかと恐れ、放射線の影響と健康一般のニーズを結びつけているのだ。研究の理念などは住民にとって意味はない。住民は医師をすべての問題をケアしてくれる人とみているのであって、小さな関心分野だけに焦点を当てているわけではない。(中略)住民の前にいつも現れるのはブルックヘブン国立研究所の医師であり、その医師たちに住民はトータル・ケアを提供してほしいと期待し、求めているのだ。

コトラディは、日常的に住民の健康を見守る医療体制を整えないまま、年に一回、米国本土から調査にやってくる医学調査団の在り方に疑問を呈した。それは、江崎の指摘とも重なる。住民が願うトータル・ケアを実現するためには、医療を担う人材を育て、施設、仕組みを構築する必要があったのだ。

六十七回の核実験を繰り返し、多くの住民を被曝させながら、調査を優先し医療体制の構築を怠った米国の罪深さが見えてくる。核実験によって中部太平洋の伝統的な暮らしを根本から破壊した代償は計り知れない。

小児がん治療で語られることの多い「トータル・ケア」が、期せずしてマーシャル諸島の住民の健康をめぐって語られた。それは、患者が求める医療とは何かという問いに対する答えが、トータル・ケアの理念であるからだろう。

ストウは被曝者の少年に医学部進学を勧めていた。地域社会でトータル・ケアを担う一人として育ってほしいという希望を込めていたに違いない。

# 第七章　懸け橋

## 日野原重明との出会い

ＭＤアンダーソン小児科には、数多くの若い医師が日本からやって来て学び、日本に戻って小児がん治療の最前線に立った。後にマツダ病院院長や広島女学院理事長を務める井田憲明（一九五四年渡米）に始まり、聖路加国際病院小児科で白血病の治療と啓発に尽力した細谷亮太（七七年渡米）に至るまで、実に多彩な人たちである。

もちろん、日本とＭＤアンダーソンの懸け橋になったのは、テイラーであり、テイラーの側近であったストウである。小児がんを治しつつあったＭＤアンダーソンでの経験、見聞が、若い医師を通して日本の医療現場に伝えられ、小児腫瘍医を中心としたトータル・ケア、チーム医療が日本でも試みられていく。

ストウの日本人脈を考える上で、面白い資料がある。福岡市で一九七七年十月に開かれた第十五回日本癌治療学会学術集会で特別講演をするため訪日するのを前に、ストウがMDアンダーソン院長のリー・クラークに宛てた手紙である。[*141]

手紙には、MDアンダーソンを紹介する資料の送り先として「最重要」とストウが考えた教授ら九人、そしてMDアンダーソン勤務経験者十八人がリストアップされている。

最重要人物の筆頭に挙げられたのは、聖路加国際病院の医師、日野原重明である。次いで斎藤純夫（東大小児外科）、小林登（東大小児科）と続く。

MDアンダーソンOBとして名前を挙げられたのは、藤本孟男（九州大小児科）、東音高（秋田大小児科）、井田憲明（杏林大小児科）、河本定久（長崎ABCC）、金平榮（北九州病院）、錬石昇太郎（長崎ABCC）、高尾篤良（東京女子医大）、矢部芳郎（岡山大）らである（カッコ内はストウが記した所属）。

顔触れをみると、広島、長崎のABCC時代に培った人脈が浮かび上がる。日野原を起点とした聖路加国際病院、井田に代表される岡山大医学部、遠城寺宗徳を起点とした九州大医学部、佐野保を起点とした東北大医学部、東大小児科などである。

当時の手帳の記述によると、このときのストウの日本滞在は七七年十月四日から二十六日まで三週間以上にわたり、福岡、長崎、津、東京、姫路、岡山、広島、大阪などを回っている。

十月七日には日本癌治療学会学術集会で「集学的治療による小児固形がんの抑制成功」と題し

て特別講演をした。その内容は、外科手術や放射線療法に化学療法を組み合わせた「集学的治療」の進展により、米国ではウィルムス腫瘍、横紋筋肉腫、骨肉腫の生存率が飛躍的に改善されつつあることを紹介し、治療法を具体的に解説したものである。

『日本癌治療学会誌』に掲載された講演録によると、ストウは抗がん剤やその多剤併用療法の登場により患者の予後が改善された様子をグラフで示し、「無病生存率や生存率曲線が示すように、がんをコントロールする能力は確かに改善されています。今や、転移を予防するだけでなく、転移後の患者の命を救うこともできるようになりました」と述べた。さらに、米国立がん研究所（NCI）で化学療法の多施設共同研究を指揮したゴードン・ズブロド博士の「小児がん治療は大人のがん治療に比べ、十年進んでいる」との発言を引用して小児固形がん治療のめざましい進展を紹介し、集学的治療、チーム医療の重要性を強調した。*142

十五日には東京で開かれた日本小児外科学会でも「米国におけるがん治療の近年のトレンド」の題で特別講演をした。

ストウは精力的に大学や病院を訪れている。長崎大、三重大、聖路加国際病院、東大病院、川崎医大、千葉大で講義をしたり、症例検討会に参加したりし、小児がんのトータル・ケア、集学的治療の重要性を説き、米国での治療実績を報告した。

また福岡では、藤本孟男、金平榮、岡村純らMDアンダーソン関係者、ABCCで共に働いた金光正剛や瀬知タニらと旧交を温め、広島では井田憲明、笹田金一らABCC時代にジャーナルクラブで共に学んだ小児科医と再会している。

東京では、田園調布にある日野原重明宅も訪問した。日野原とストウとの交流は異彩を放っている。

日野原はストウよりも一歳年長の同時代人である。一九一一年十月四日に山口市で生まれた。父親は米国の神学校で学んだ牧師であり、戦前、広島女学院の院長を務めた。日野原自身も広島とは縁がある。京都帝国大の医学生だったときに結核を患い、広島の父の元で一時、療養生活を送った。四一年に聖路加国際病院の内科医となり、日米開戦後には抑留中のジョセフ・グルー駐日米国大使夫妻の主治医を務め、四二年六月にグルー大使夫妻が交換船で帰国の途に就く際には横浜港の船内まで随行した。時代が下って七〇年にはよど号ハイジャック事件に遭遇し、九五年の地下鉄サリン事件では聖路加国際病院院長として病院を開放し、被災者の救護に尽くしたことで知られる。

ストウが六十九歳で亡くなったのに対し、日野原は長命を保ち、八十代で聖路加国際病院のトップとなり、病院や看護大学などの経営を統括し、また九十四歳のときには医学への幅広い貢献が認められ文化勲章を受けた。

二人の交流の原点はどこにあったのか。二〇一三年三月に聖路加国際病院を訪ね、当時百一歳の日野原にインタビューをした。ストウと妻メアリーの人柄を尋ねると、こんな答えが返ってきた。

「ストウさんは抗がん剤、化学療法の専門家。非常に無口だった。奥さんはエンターテナーでね、世話好きで、若い人から『おばちゃん』と親しまれていた。ヒューストンを二年に一回は訪ね、ストウ家に泊まり、小さな病院だったMDアンダーソンが大きく発展するのを私は見てきたんですよ。だけど、ストウさん、そしてメアリーさんがいなくなり、もうヒューストンに行く機会がなくなりました」

親友以上の親しい付き合いを家族ぐるみでしたというストウと日野原。その接点は戦後の焼け跡にさかのぼる。

ストウの長女エレンによれば、母方の叔母、つまりエレンの母メアリーの妹シゲコの夫が大きな役割を果たしたようだ。シゲコの夫ワタナベ・ジローは戦後、軍属として来日し、連合国軍最高司令官総司令部（GHQ／SCAP）関係の仕事をしていた。

ワタナベは敬虔なクリスチャンであり、米国の慈善団体から日本への救援物資を分配する過程で日野原と知り合ったという。救援物資とは、日系米国人らの篤志として届けられた「ララ物資」（Licensed Agency for Relief of Asia）とみられる。

日野原は一九五一年八月から翌年九月にかけて、米ジョージア州アトランタのエモリー大医学部へ留学する。往路、ロサンゼルスでワタナベと再会した。

日野原によると、サンフランシスコに着くと、鉄道でロサンゼルスに向かい、ワタナベ宅に逗留した。そこで、ワタナベから思いがけない誘いを受ける。

「デトロイトまで新しい車を買いに行くから、一緒に行こう」

ワタナベと日野原はシカゴを経由してデトロイトに着いた。ワタナベはデトロイトから日野原を新車に乗せて南下し、テネシー州の農村まで送ってくれ、そこで別れた。

テネシー州グレート・スモーキー山脈の麓にある農村の暮らしぶりは当時、年収六百ドル（当時のレートで二十一万六千円）と貧しく、住民の中には裸足の人もいた。このころ、徴兵されたストウは軍の給与の安さを嘆いているが、それでも月給は五百ドルを超えていた。「米国にもこんな貧しい人々がいるのか」。日野原は戦勝国の意外な側面をつぶさに見た。

「姉さんがいるから寄ってください」とワタナベから勧められ、日野原は留学からの帰途、サンフランシスコ郊外の街、レッドウッドシティのストウ家に立ち寄った。これがストウと日野原の交流の始まりである。

日野原はヒューストンを訪れるたびに、ストウ宅に泊まり、ストウは田園調布の日野原宅を東京訪問時の定宿とし、家族ぐるみの親交を長年続けた。

「聖路加の若い医師をMDアンダーソンで世話してくれないかとストウさんに頼みました」

金平榮や細谷亮太ら聖路加国際病院の若手医師がクリニカルフェロー（臨床研究員）としてMDアンダーソン小児科で学び、働くルートができあがり、両病院は次第に提携関係を深めていく。ストウと日野原の親密な関係がこうした動きを後押ししたと言っても、過言ではないだろう。

## 生活指導

元マツダ病院院長で広島女学院理事長も務めた小児科医、井田憲明がヒューストンでストウと一緒に働いた最初の日本人医師であることは既に述べた。井田は五四年から五七年にかけて、MDアンダーソン病院小児科に留学し、白血病の臨床と基礎を研究した。

五九年に再び渡米し、ベイラー医大や首都ワシントン郊外の国立がん研究所（ＮＣＩ）の研究者らと共同で、マウスに白血病を起こすウイルスを調べた。ＮＣＩでは、マウスの世話と観察のために毎朝六時には実験室のドアを開けた。井田の勤勉さとマウスへの注射のうまさは長くＮＣＩやＭＤアンダーソンで語り草になった。

米国での生活を始めるに当たり、ストウの妻メアリーから受けた指導を、井田は懐かしく振り返る。

「着るもの、シェイビングの仕方、お風呂の入り方、チップ、人種の問題など、経験したことを全部教えてくれた。アメリカ市民生活を細かく指導された。うるさいぐらいに言ってくれた。ありがたかった」

ストウ医師夫人、メアリー。若い人からは「おばちゃん」と親しまれた（提供：木本良亮氏）

井田はストウ夫妻から「独りよがりにならずに、常に相手のことをよく考える」という生活態度を教えられた。

普段、穏やかなストウに一度だけ、しかられたこともあった。

そのとき、井田は運転免許証を取り、ＹＭＣＡの中庭で保険未加入の車に乗って運転の練習をしていた。それを聞きつけたストウは「おまえ、そんなことをしていたら、国に帰れなくなるぞ」と井田を一喝し、保険加入の手続きをさせた。
井田は九十三歳になった二〇一四年春、広島市内の高台にある自宅で静かに思い出を語ってくれた。「全部、ドクター・ストウ、メアリーのおかげ。あの人の存在は大きい。多くの日本人に影響しているのです」

## 人生を変えた講演

一九七〇年代に小児白血病の多施設共同研究を日本で初めて組織したことで知られる愛知医科大名誉教授の藤本孟男も、MDアンダーソン小児科に留学した経験者である。六九年から七一年にかけて、プロジェクト研究員（フェロー）として、ストウの薫陶を受けた。ちょうど井田の留学から十五年後である。

藤本は三六年に宮崎県日南市で生まれ、六〇年に京都府立医大を卒業し、京都市内の病院でインターンをした後、六一年に医師免許を取得した。その後、臨床を重視する遠城寺宗徳に惹かれ、九州大医学部小児科医局に入った。

ストウは六七年、東京での国際小児科学会のため来日した際、京都まで足を延ばし、講演をした。その内容は、MDアンダーソンでの治療実績を紹介するもので「小児がんでは化学療法が有効な治療手段になってきており、薬によっては完全治療も夢ではなくなった」と指摘していた。

聴衆の中に、当時、医師になって七年目、九州大病院小児科で副手を務める藤本がいた。ストウの講演を聴いた衝撃を藤本は「私の医師としての生き方にとって、ストー《ママ》先生との出会いは、まさしく人生の大きな節目であった」[*143]と綴っている。

藤本によれば、日本では当時、小児がん、特に小児急性白血病の予後は極めて悲惨であり、平均生存期間はわずか三〜五カ月。医師にとっても小児がんとの闘いは「出口のないトンネルの中に投げ込まれたようで、行き場のない、やり切れないもの」であったという。

ストウ講演をきっかけに、藤本は小児がんの本格的な研究を目指して、ひそかに米国留学を計画し始める。六八年九月に外国人向けの米国医師国家試験に合格し、六九年七月にMDアンダーソンに採用された。

メアリーは、井田に対する指導と同様に、藤本にも生活上の指導をしてくれた。最初の洗礼は住宅だった。

藤本は当初、MDアンダーソンが立地するテキサス医療センター（TMC）近くのアパートメントを借りて、家族四人で住み始めた。一ドル三六〇円。ドルの持ち出しが一人二〇〇〇ドルに制限されていた時代である。テキサス医療センターの研究機関に留学中の九州大関係者が用意してくれた住居で、研究者や商社マンなど日本人が多かった。

すると、メアリーが家庭訪問にやって来て「すぐにここから移りなさい。こんなところでは、英語も上達できません。一戸建てを借りなさい」と指示した。契約上、六カ月は退去できない。藤本は一戸建てを借りて、六九年のクリスマスイブにアパートメントから引っ越した。

「ミゼラブルだったなあ。子どもたちにクリスマスツリーを飾ってやろうと思ったけれど、お金はないものだから。二十四日の売れ残りを買って引っ越しをした」と藤本は語る。近所は白人ばかりだった。

メアリーは父祖の地、福岡県からやってきた藤本一家を歓迎した。MDアンダーソン小児科に九州大から留学したのは、藤本が初めてである。藤本の推薦状を書いた遠城寺宗徳は、ABCC時代のストウが医師確保で大変世話になった人物だ。メアリーは、一歳と五歳の子を連れて米国にやって来た藤本の妻元子を大変可愛がった。

## 苦言

このころのMDアンダーソン小児科は、固形がん担当がストウ、白血病・リンパ腫など血液のがん担当がサリバン、講座の主任がウィルバーという教授三人の態勢で、ほかに非常勤の医師二人も外来診療を担当していた。

藤本によれば、フェローの仕事は息つく暇もなかった。午前七時から病室を回診し、午前十一時から四十五分間、白血病、放射線療法などの各種カンファレンス（症例検討会）、週三回は正午からもカンファレンスがあり、午後四時に教授が回診し、午後五時半から患者の経過報告をする……とめまぐるしい毎日だった。

ストウは当時、横紋筋肉腫に対するVAC療法の開発に専念していた。VAC療法とはビンクリスチン、アクチノマイシンD、シクロフォスファミドという三つの抗がん剤を併用する治療法であり、その後、横紋筋肉腫に対する標準的治療となった。「私にとって、これまで診たこともも治療したこともない種々の小児固形癌の治療は、すべてが新しい学問であった」と藤本は回想する。[144]

ストウの臨床研究のテーマは横紋筋肉腫から骨肉腫へ移るが、藤本が「なぜ骨肉腫か」と尋ねても、ストウは「うんうん」とうなずくだけで、何も答えなかった。藤本は、ストウが手掛ける「科学的な証拠に基づいた臨床研究」を是非日本へ持って帰りたかった。

ストウも藤本を「タケオ」と呼んで、息子のように可愛がり、SWOG（南西部腫瘍学グループ）や全米ウィルムス腫瘍研究会（NWTS）などの大きな学会や会議に帯同した。身近でストウの動静を観察した藤本によれば、ストウは学会の会場や空港には必ず余裕をもって一時間前には到着した。学会発表の直前に緊張を増すストウの姿も間近で見た。

米国南西部一帯の大学群、研究所を母体にしたがんの共同研究グループのスケールの大きさ、真摯な討議、研究者たちの溢れるばかりの行動力には本当に圧倒された。学閥の枠の内でしか行動できない日本の医学界の偏狭さが恥ずかしく感じられた。[145]

藤本はストウに同行して見聞した多施設共同研究の会議について、こんな感想を書き記している。

ストウはまた、藤本に「論文の内容だけでなく、著者の人柄にも注意するように」と忠告してくれた。学会への参加は学術交流に加え、社交的な面があるので出席を怠らないように、とも話した。ストウが日本の医学界を見る目は厳しかったようだ。藤本はストウの言葉を次のように記している。

「学会からの帰り道に、日本の医学について、患者を研究材料としかみていないことがあまりに多いことを指摘され、臨床医学のあるべき姿を口にされた。患者への愛情と医学研究における人類愛の信念がうかがえた[*146]」

藤本は帰国後の七一年に九州大医学部助手となり、七二年、九州地方を舞台に小児白血病の臨床共同研究グループを立ち上げる。藤本が愛知医大に小児科教授として転出すると、同医大を拠点に「小児癌・白血病研究グループ」(CCLSG)へと発展していく。

しかし、帰国直後の日本で藤本は医学界の悪弊に直面する。九州大病院で横紋筋肉腫や骨肉腫の化学療法に取り組もうとしても、整形外科の医局が協力をしぶるのであった。まるで患者を医局の所有物のように扱うように見えた。

藤本は「日本が遅れていたというよりも、ものの考え方が違うんですね。患者は自分のものだという考え方だった」と語る。「自分の診療科に来た患者は〝自分のもの〟。『共同でやろうや』と申し込んでも、『化学療法なんか自分のところでやる』と。患者のために医者が在るのではなくて、医者のために患者が在るという考え方だった」

日本では、業績を挙げたい教授が目標を定め、それに向かって医局が進む。臨床なのにマウスを使って研究を始める。患者は二の次だ。化学療法の専門医などおらず、投薬はさじ加減だった。「科学的根拠に基づく医療」を目指し、厳格なプロトコール(治療計画)の下で進む米国の多施設共同研究とは、かけ離れた世界だった。

藤本の母校、京都府立医大では二〇一三年、医師主導の臨床研究をめぐるデータ不正事件が起きた。藤本は同年秋、『京都府立医科大学雑誌』に「私の歩んできた道」と題した長文のエッセイを寄せ、伝統校にありがちな旧弊を厳しく指摘している。

> 日本の医学教育・修錬システムは古い徒弟制度の上に、古い大学であればあるほど教育する側の教授の方に卓越した臨床実力が乏しい上に、自分を研究者と考えているので病人を治すことよりも病気を追及することが重要と考えている。医局の方針は研究が第一であり実験的研究の成果と学閥・閨閥によって地位が上がっていく。医局の医師のほとんどが良医になるための医療技術を高めて、文化人としての教養や思慮深い知恵と人間性を持った本来の医者の道に進むのではなく、教授の意に沿った研究を通じて感触を良くする方向に身を呈し、あわよくば医局に君臨する教授になるのを目指している。いつの間にか総合的医学知識は忘れ去られ、選考した医局の研究分野の専門知識のみの限られた医師になっていく。[*147]

## 気配り

「多施設共同研究の大切さを示したのがストウ先生だった。学究、人道の方であり、まさに父親のようでした」と語るのは、北九州市の永犬丸《えいのまる》小児科医院の院長、金平榮《キムピョンヨン》である。その傍らで、夫人も「素晴らしい生きざまをみせていただきました」と懐かしんだ。

金は一九三九年、大阪で生まれた。韓国・済州島を本貫（ふるさと）とする在日コリアンで、お見合い結婚した七歳下の夫人はソウル出身である。

六五年に京都府立医大を卒業。翌年、京都府立医大小児科学教室に入局するが、六七年から東京・築地の聖路加国際病院小児科に派遣された。聖路加には「小児がん化学療法の父」と呼ばれるシドニー・ファーバーの弟子、西村昴三がいた。西村は日本で最初に「トータル・ケア」を提唱した先駆者である。

金によれば、当時、子どもの急性リンパ性白血病は長くても一年ぐらいしか生存できず、骨髄性白血病はさらに予後が悪かった。小児白血病に「治癒」という言葉が全く使えなかった時代に、西村は死に直面した幼い患者と対話をし、親には一つ一つ順序立てて病気を説明していた。

金は七〇年に渡米し、首都ワシントンやアリゾナ州の病院でレジデント（研修医）として働きながら、専門医への道を模索する。夫人と子ども三人の生活も懸かっていた。当時、日本への再入国の資格を維持するために、年に一回、米国から日本へ帰らなければならなかった。倹約して貯めた預金も帰国交通費に消え、生活は大変苦しかった。

「MDアンダーソン小児科に来ないか」。アリゾナ州の病院で働いていた金の元に、ストウから電話が入ったのは七三年のことだ。ストウは聖路加国際病院出身者から「小児腫瘍学に関心を持つ留学生がいる」と、金のことを聞いていたようだ。当時、金は新生児医療のフェローシップをアリゾナ州の病院に申請中だったが、ストウの熱心な誘いに応じた。

待遇は年俸一万四千ドル。七三年七月、金ら家族五人はヒューストンで新生活を始めた。

ストウはかつて、藤本を学会に帯同して現場を体験させたが、金にも同じように学会への同行を求めた。普段、臨床の現場に没頭している金に、もう一つの現場を体験させたかったのだろう。空港へ向かう車中から、飛行機、会場、ホテルの部屋までずっとストウと一緒だった。

テキサス州サンアントニオで開かれたＳＷＯＧの研究会。発表が終わるたびに研究者が挙手をして発表者に質問を浴びせている。ストウは金に耳打ちした。「ＮＣＩのグラント（助成金）担当者が会場に来ている。みんなグラントを求めてアピールしているんだ」。ストウの解説に、金は納得した。

その夜、ホテルの部屋で、金は実に重いテーマについてストウに相談を持ち掛けた。

「家内が四番目の子どもを宿したが、生活が苦しい。どうしたらよいでしょうか」

「そうか」

妊娠中絶への同意を暗に求めるかのような相談に対し、ストウはうなずくだけで、じっと金の話に耳を傾けるだけだった。

ひと言も意見を述べないストウの様子をみて、金は自分の非にその場で気付き、第四子の出産を決心した。

やがて誕生した子は女の子だった。女児はその後、医師となり、いま三児の母でもある。サンアントニオのホテルでのやりとりは、命の尊厳と貧しさの間で心が揺れた苦い思い出として、金の脳裏に刻まれている。

## 第四の原則

ストウは毎朝、午前七時前には病院に出勤して、同僚のサリバンらとコーヒーを飲みながら打ち合わせをするのが日課だった。午後六時ごろ、いったん帰宅して夕食を済ませた後、再び病院に戻り、午後十時、十一時ごろまで研究室で仕事をしていた。

ある日の深夜。当直勤務の金は、そんなストウの行動パターンを知らずに、外来受付の机の上に足をのせ、ふんぞり返って大声で妻に電話を掛けていた。すると、外来受付の前にあるストウの部屋のドアが開き、ストウが「オォ！」と片手を上げて出てきた。「優しさにあふれた瞳でにっこり微笑んで挨拶をしてくれた」と金は当時を回想している。

ストウは二人きりになると、「家族はみな元気か」と声を掛けてくれた。ヒューストンで迎えた初めてのクリスマスイブ。ストウは突然、金の自宅を訪れ、大きな箱に入ったプレゼントを三人の子どもに渡した。翌年のイブにはたくさんの果物をくれたという。

金は二〇〇五年、医師向け情報誌に「故 Wataru W. Sutow 先生の思い出」と題したエッセイを寄稿し、こう述べている。

先生は、常日頃より患者と家族の方への気持ちを思いやり、病気の cure のみに留まらず、人間関係を大事にされ家族の心をも含めた total care を大切にされました。また、そのいつも謙虚で正直かつ誠実な応対は、私の現在の診療姿勢に強い影響を与えたと言っても過言ではありません。*148

金は一九八四年、地元の産業医科大学で「全人的医療のための教育」を目指す医学概論の講師を務めた。「生と死――サナトロジー」という大テーマの中で「血液疾患児との対話」と題して、小児白血病の治療に携わった経験を医学生に語り、MDアンダーソンのカンファレンス（症例検討会）でストウがよく話していたこんな言葉を紹介している。

がん治療の目的とは① cure（治癒）② prevention（予防）③ palloation（緩和）④???である。君たち、百害もある制がん剤やコバルト照射を何故使用するのか、何の目的で治療しているのかをよく念頭に置きなさい。そのことが分かっていると、家族に大変説明しやすいですよ。*149

ストウが一番目に「治癒」を挙げたのは当然である。根治を目指す治療を意味する。二番目の「予防」はこの場合、がんが転移するのを予防する治療と解釈できる。例えば、小児白血病の化学療法の後で、中枢神経系への転移を防ぐために行われた頭部へのコバルト照射である。ただし、深刻な副作用があり、現在はほとんど頭部への照射は行われていないという。三番目の「緩和」とは、末期がんの患者の痛みをやわらげる治療である。四番目が「???」となっているのは、どういう意味か。

ストウは「四番目の原則はないいんだ。四番目というのはただ生命を長らえるだけで、その子が苦しむのなら、そんな治療は許されない」と解説した。

これに対し、金は「世界最大級のがんセンターであるMDアンダーソンで、どうして延命を図ってはいけないのか」と疑問を抱きながら、治癒－予防－緩和に続く四番目の原則はない、というストウの言葉を吟味する。「最期の日まで可能な限り人間らしく有意義な生活を送らせてあげなさい」「最期の日は人間らしく死なせてあげなさい」というメッセージであることに、やがて金は気付いたという。

医学生を前に、金はストウの逸話を紹介した後で話題を前に進めた。最初の面談で親に白血病を告知するときの医師の心構え、病気の子どもとの対話、死に臨んだときの会話、死後のケア……。そして、一編の文章を読み上げて講義を締めくくった。

それは、白血病のため十二歳で亡くなった少女が書き残したもので、逃れられない死を前にした鹿の姿を描いた村野四郎の詩「鹿」を鑑賞したときの感想文である。少女の親が清書し、主治医に託していた。主治医とは、金の先輩、藤本孟男である。少女は「残された時間を光り輝くばかりに生きている鹿の安らかさがうかがえるようです」と詩の感想を述べ、こう続けた。

最後に、私にとって、この詩は、生と死との間に立った時の気持、いいえ、何かほかの言葉に表せない何かを教えてくれたようです。作者もきっと、生と死との間に立った時の、心がしびれるような感動を伝えるために、この詩を書いたのだと、私は思っています。*150

幼い患者が、なんとみずみずしく豊かな感受性の持ち主であることか。患者との対話の大切さを金は医学生に伝えたのである。

## 立ち遅れ

「アメリカでは、半分治っとるばい」

七一年秋、MDアンダーソン留学を終え、九州大小児科に戻った藤本孟男が米国の小児白血病治療の現状をそう報告したのを、当時医局員だった福岡市の小児科医、岡村純はよく覚えている。小児白血病は今でこそ、八割から九割が治る病気になったが、そのころ、日本では治る割合はせいぜい二割ぐらいだった。

岡村は、藤本の報告を聞き、白血病治療への意欲を一層かき立てられた。三年後の七四年七月、MDアンダーソン小児科へクリニカルフェローとして留学する。二十九歳の時だ。ストウやサリバンの元で二年間学んだ岡村が強く感銘を受けたのは、多施設共同研究や臨床試験の厳格さ、大切さだった。

「ストウさんが米国で地位を確立したのは、いい加減なデータは絶対に表に出さない、あやふやなデータは絶対に出さなかったからです。データが固まるまで着実にフォローしていました」

深夜や休日に、病院の研究室で幼い患者らの臨床データを点検するのがストウのルーティンワークであることを、藤本、金、岡村ら日本からやってきた若手医師は間近で見聞している。

岡村は、独立行政法人国立病院機構九州がんセンター（福岡市）で臨床研究部長などを歴任し、小児血液がんの治療と治療法開発の最前線に立ち続けた。MDアンダーソンでの経験を生かし、八四年に九州・山口地区の小児がん臨床共同研究組織を立ち上げた。藤本が九州大講師から愛知医大小児科教授に転出後、九州では沈滞していた共同研究を再び活性化させたのである。

ストウの業績を岡村はこう解説する。

「骨肉腫で言えば、外科手術で足を切断しても、肺に転移することが多く、二割ぐらいしか助からなかった。外科手術に加え、複数の抗がん剤を組み合わせた化学療法を施すことで、ようやく五割、六割が助かるようになりました。その化学療法を開発したのがドクター・ストウなんです」

言うまでもなく、複数の抗がん剤を組み合わせるなどの治療法開発の決め手は、多施設共同研究や臨床試験のデータである。

三十数年前、ストウは岡村に説いた。「なぜ日本では、外科医が化学療法をするんだ。小児科医を中心に、外科や病理も一緒になってトータル・ケアをすべきだろう」。ストウの指摘は昔話ではなく、現在に通じる。

日本の小児がん対策は立ち遅れが目立つ。

岡村は「米国に比べ、二十年から三十年遅れている」と話す。二〇〇六年の第二十一回日本小児がん学会に、岡村は「なぜいま小児がん専門医制度か？」と題した文章を寄せている。この中で「最大の欠点は、小児がんを治療する専門医制度やそれを支える組織が確立していないことである」と論じ、日本小児がん学会と日本小児血液学会の統合を求めた。

小児がん患児は、命をかけて間違いの許されない治療を受ける。だからこそ「専門医の存在」は不可欠であり、それを育てる組織と環境を整備することは急務である。小児がんの治療は化学療法が中心であり、化学療法の難しさは、その合併症対策にある。合併症は、神経、心臓、肺、腎臓、肝臓など広い範囲に起こるため、治療者には「日々成長していく小児」の心身のすべての面の変化を素早く見極めて対応できる知識と責任が要求される。これらの条件を考慮するならば、小児がんの治療は「訓練を受けた小児科医」が中心となって、外科系や放射線治療の専門家達と緊密に連携して治療を進めていく方式がこども達にとってベストである。[*151]

九州の小児がん治療を牽引してきた岡村の提言の底流には、MDアンダーソン小児科での経験とストウの教えが生きている。

岡村の提言は実現しつつある。日本小児がん学会と日本小児血液学会は二〇一二年に統合し、小児がん治療の専門家組織として生まれ変わった。小児がん治療を専門とする優れた医師を認定する「小児血液・がん専門医」制度も発足し、二〇一四年秋には初の認定試験も実施された。

一年間に日本で発症する小児がんは推定三千例で、大人のがんの四百分の一とされる。稀少な病気である小児がんの治療を各地でバラバラに手がけていては効果が上がらない。症例を集め、治療の実績を向上させるため、厚生労働省が全国十五カ所の「拠点病院」を指定したのは二〇一三年のことである。「トータル・ケア」、チーム医療、集学的治療の理念がようやく医療現場に浸透するようになったが、小児がんの化学療法を外科医が中途半端に行う例や、診療科の垣根が高く治療方針がなかなか定まらない例は、最近までけっして珍しくなかった。

## 最後の弟子

聖路加国際病院で小児科医長を務め、副院長なども歴任した細谷亮太は、ストウ最晩年の弟子である。

細谷は一九七二年に東北大学医学部を卒業し、聖路加国際病院小児科のレジデント（研修医）となり、ファーバーの弟子である西村昂三の指導を受けた。七七年十二月から八〇年三月までMDアンダーソンがんセンター小児科にクリニカルフェローとして留学。帰国後、小児白血病の化学療法に努めるとともに、白血病の子どもに病名を告知し、病気を丁寧に説明することを全国に先駆けて実践した。俳人、エッセイストとしても知られている。

前に述べた通り、一九七七年十月、ストウは日本癌治療学会や日本小児外科学会で特別講演をするために来日した。このとき、ストウは、MDアンダーソンへの留学を希望する細谷を東京で面接した。十月十三日のことである。MDアンダーソン留学経験者で当時九州大助手だった藤本孟男に、ストウが漏らした細谷評が面白い。

「いいじゃないか。雰囲気が岡村と似ている。それに東北だしな」

岡村はMDアンダーソンで一生懸命に働き、真面目でフレンドリーな点が高く評価されていた。

「東北」には二つの意味がある。

一つは、細谷が東北大医学部の出身であることだ。東北大医学部と言えば、長崎医科大小児科教授だった佐野保が四八年十月から小児科教授を務めていた。佐野は、ストウが初来日した四八年夏、スタンフォード大教授のグルーリックによる被爆児調査を共に支えた仲間である。細谷が東北大出身だと聞き、ストウは佐野のことを思い浮かべたに違いない。

もう一つは、細谷が山形県出身であり、父母が福島県出身のストウにとって東北地方は縁のある土地だった。東北出身の細谷に懐かしさを感じたのかもしれない。

「ストウ先生はにっこりと満足そうだった」と振り返るのは、当時、製薬会社「日本レダリー」の抗がん剤開発担当課長としてストウに随行した小野澤初男である。

このとき、小野澤はストウとは初対面だったが、日本滞在の全日程に同行し、学会や大学関係者との折衝や調整などを担当した。東京薬科大学出身の薬剤師で、抗がん剤メトトレキサートについて幅広い専門知識を持ち、臨床の現場を知る小野澤を、ストウはすぐに気に入ったようだ。

「輝かしい未来を約束されてこの世に生を受けた若い生命を何とか助けられないものか」「何とか癌化学療法で有用な薬剤を世に提供して治療のお役に立てないものか」――。そんな思いを込めて、小野澤は製薬会社開発部の一員として藤本孟男が九州で始めた多施設共同研究を全面的に支援していた。

細谷を面接する約一週間前。博多のホテルで、ストウは小野澤に相談している。

「若くて一生懸命勉強し、臨床の場で頑張っている小児科医を一人、MDアンダーソンに留学させたい。君なら誰を推薦する？　君は日本中の大学、大病院を訪れているので、多くの若くて将来性のある小児科医と話しているだろう？」

一晩考え、朝食の席で小野澤が挙げたのは、細谷の名前だった。聖路加での細谷の奮闘ぶりが印象に強く残っていたからだ。

「聖路加なら日野原重明先生をよく知っている」。ストウは、細谷を面接する日程の調整を小野澤に頼んだ。小野澤は当時の聖路加小児科医長の西村昂三に電話し、面接の日を十月十三日と決めたのだった。帰国間近の二十四日、ストウは田園調布の日野原宅を訪ねて懇談し、細谷の留学が本決まりになった。

細谷は七七年末、単身でヒューストンに着き、しばらくの間、ストウ宅に世話になり、妻子を呼び寄せるまで約三カ月の間、ストウ、メアリーと起居を共にした。細谷は渡米間もない頃を振り返る。

「七七年十二月末から家族が来る七八年二月、三月ぐらいまで居候みたいな形でお世話になった。その間、ストウ家に出入りしている良《りょう》さんと一緒にいろんなことをして、日曜日も一緒に朝食を食べました。ストウ家の朝ご飯の中でも、冷たいご飯に目玉焼きをのせ、醬油をかけてかき混ぜるというのが大好きだった。電子レンジはあるんですよ。でも冷たいご飯にかけて食べるとおいしくて。日本に帰ってきて食べたら、懐かしくておいしくて……」

「良さん」とは、細谷と同学年で「ストウ家の書生」として知られた木本良亮である。

木本は日大法学部を卒業後、弁護士を目指して渡米し、ヒューストン大に入学した。ある日、アルバイト先から給料としてもらった小切手が不渡りと分かった。途方に暮れる木本が相談に向かったのが、「もう一つの総領事館」ともいわれたストウ宅だった。事情を話すと、メアリーは七百ドルという大金を初対面の木本に貸してくれた。その一件をきっかけに、木本は「ストウのおばさん」に心酔し、ストウ宅に出入りするようになる。弁護士になる夢はかなわなかったが、そのままヒューストンに残り、日本人向け通訳やガイドとして働いた。ストウが一九八一年に亡くなった後、老いを深めるメアリーを助けた。メアリーが二〇〇二年に亡くなるまで身辺の世話をしたのである。

細谷の話に戻ろう。ストウ家での居候生活について、細谷はこう話す。

「車を買わなかった一カ月の間、ドクター・ストウに病院まで乗せてもらっていた。ドクター・ストウは朝六時ごろに病院へ行って、サリバンら先生方とカフェテリアでコーヒーを飲むというのが日課。私の仕事は居間の電灯をつけること。ミセス・ストウはまだ休んでいた。ドクター・ストウがナイトガウンを着て『おはよう』と出てくる。木下藤吉郎の草履取りみたいでした」

ストウ夫妻は「テキサスは日本人には悪くない感情を持っている所」と細谷に話した。第二次世界大戦中にイタリア戦線で日系人部隊がテキサスの部隊を助けたことがあり、対日感情はとても良いのだと説明してくれたという。

三カ月後、家族がやって来て、居候生活が終わるが、細谷は家族を連れてストウ家によく出入りした。

「近所に住んでいたので、うちのかみさんなんか、すっかりミセス・ストウになついて、娘のようにしてもらった。ドクター・ストウは病院から帰ると、必ずテレビの前のカウチに座ってソーセージをかじり、ビールなんか飲んでいる。うちの子どもが『何食べてるの』と聞いて、半分もらったりしていました」

MDアンダーソン小児科では、レジデント（研修医）を指導する「クリニカルフェロー」の役割だった。外来は細谷がほとんど担当し、「アテンディング」と呼ばれるストウら上級医は自分のオフィスにいて必要な時に外来に出てきた。細谷は七二年に東北大医学部を卒業し、聖路加国際病院に研修医として就職しているから、医師になって六年目に当たる。

骨肉腫と二種類の白血病の担当を三カ月ぐらいずつローテーションで回すのだが、細谷の最初の担当は、ストウが専門とする骨肉腫だった。「とてもありがたかった。仕事まで二週間、時間があり、ドクター・ストウから渡された骨腫瘍の本を一生懸命勉強した」と振り返る。「直接、米国の人からたたきこまれたら反発したかもしれない。だけど、ドクター・ストウが最初で良かった」

細谷はエッセイに当時の心境を綴っている。

　日本では小児科医が骨腫瘍の治療にかかわることなどほとんどなかった頃です。最初に配属されたのが骨腫瘍の部門でした。骨腫瘍を治療した経験のない私は分厚い教科書を何日か徹夜して必死で読みました。研修医を指導するクリニカル・フェローという立場でしたから、知ったかぶりをしなければならなかったのです。*152

細谷は、骨肉腫と闘うストウの姿を間近で目撃している。ストウは「すごいだろう。こんな風に治るようになったんだぞ」と治療成績を自慢げに語ることもあれば、幼い患者の再発が分かったときに「ガッデム（ちくしょう、この野郎）」と悔しがることもあった。

ストウが患者や同僚に示した態度について細谷はこう語る。

「日本人って、気の毒な人がいたら、構ってあげないといけないとか判官贔屓みたいのがありますよね。米国の男って自分の奥さんには優しいけれど、患者さんに入れ込むって感じはあまりない。米国の医学では患者と親近感を超えたような関係はいけないとされていた。だけど、ドクター・ストウは違った。体操の選手で足を切断した子には体操の成績をすごく気にしてあげたりとか、子どもの私生活に関して、よく情報を持っていた。フェローやレジデントについても、（たいていの医師は）自分の業績のためにフェローとかレジデントを使っているという感じが強いのだけど、ドクター・ストウはとても教育的だったし、面倒をみてくれた。人格者で、無茶なことは言わなかった。温かな雰囲気がありました」

細谷が聖路加国際病院に就職したときに、小児がんで一番多かったのは急性リンパ性白血病だった。患者の症状を一時的に緩和しながら見送るのが自分の仕事だと思っていたという。その頃、米国では、少しずつ治し始めていたのである。MDアンダーソンの現場を学んだ細谷は八〇年三月に聖路加に戻った。八二年に一冊の翻訳書を出版する。米国の医師リン・ベイカー（Lynn S.

Baker）が、白血病の子どもたちを対象に書いた白血病の解説書『君と白血病――この一日を貴重な一日に』（You and Leukemia; a Day at a Time）である。「訳者まえがき」の中で細谷はＭＤアンダーソンでの経験に触れた。

一言で、かんたんに「白血病のお話」といいますが、実際にやってみると、これほどつらい責務はありません。私が M. D. Anderson 病院の小児科に勤務していて、初めてこういう話をしたのは、メキシコ人の十三歳の少年とその家族にでした。話がすすむにつれてその子の眼から涙があふれてきて、慎重に言葉を選んで話している私まで本当につらくやりきれない気持ちになったのをおぼえています。でもその子は最後に気をとりなおした様子で「がんばれば、なおるね。」と問いかけてきました。「そうさ、なおるためにはがんばらなくっちゃ。」と答えてあげると涙を拭いてウィンクをしてみせてくれました。この時には救われた気がし、同時に現代の医学が白血病をもある程度治癒せしめ得るまで発展してきていることに心から感謝せずにおれませんでした。[*153]

細谷はストウを「いちばんの先生」と考えている。ストウは患者を救えなかった小児がん治療の黎明期に広島からヒューストンへ移り、臨床の現場で経験を重ね、一九七〇年代に半分ぐらいが治る局面を迎えた。「日本では、治らない時代から四十年を経てようやく治るようになった。そういう僕の感覚は、不謹慎かもしれないが、ドクター・ストウの感覚と結構似ていると思う」

と細谷は語る。

ストウの細谷に対する思いやりと高い評価を示す手紙が残されていた。細谷がヒューストンにやってきて約三カ月後の一九七八年三月二十九日付で、聖路加国際病院小児科医長の西村昂三にストウが送った手紙である。

細谷夫人とお子さん、細谷医師のお姉さんが一週間前、ヒューストンに無事到着しました。米国生活に迅速に適応しつつあります。細谷医師は大変良い仕事ぶりです。小児科の臨床生活にとてもよく溶け込んでいる。彼は、同僚に尊敬され、上司の評判も上々です。卓越した仕事をして好評とともに帰国するに違いありません。帰国する時には聖路加で確固たる地位を用意すべきでしょう。なぜなら、フェローシップを終える頃に、彼はよく訓練された質の高い腫瘍医になっているからです。*154

この手紙の中で、ストウは細谷が一週間に十人の骨肉腫患者を診察したことを伝え、「日本の整形外科医が一年間に経験する患者の数よりもはるかに多い」と指摘している。細谷は帰国後、臨床医として日本の小児がん治療を前進させる中心的な役割を担った。治療のほかに臨床試験の啓発、病名告知、患者家族の支援、そして何よりも数々のエッセイを通して小児がん治療の現場で何が起きているかを社会に向けて発信した。ストウの〝予言〟は見事に的中したのである。

細谷は二〇一三年二月に私の取材を受けた後、「ドクター・ストウと「負い目」」と題するエッセイを雑誌『暮しの手帖』に寄せた。

ドクター・ストウは生まれた時からアメリカ人でした。それが医学生の時に日米開戦をむかえ、日本人の血が流れていることで差別されます。その時の感情はきわめて複雑だったことでしょう。同じアメリカ人なのに、という差別に対する怒りの気持ちは当然だったと思います。しかしそれ以前に両親の祖国である日本が、様々な理由があったとは言え、真珠湾を攻撃して同胞であるアメリカ国民に危害を与えたという申し訳なさ、言ってみれば、ひとつの「負い目」のようなものが絶対にあっただろうと思わずにはいられませんでした。一緒に患者さんを診療させてもらいながらドクター・ストウから学んだことのひとつは、この「負い目」をエネルギーに変換することの大切さでした。*155

細谷はストウについて「日本の小児がん治療の進歩に直接的、間接的に一番大きく貢献した人として、わが国で小児がん治療に関わっている者が忘れてはならない名前です」と紹介している。

**行脚**

一九七七年十月のストウ来日は小児がん治療に携わる医療関係者に少なからず影響を与えたようだ。日本訪問時にストウの世話をした日本レダリーの小野澤初男はこう書き残している。

「大変強行軍の来日であったが、日本の癌化学療法発展のために多くの施設での特別講演を実施頂き、本当に有難く頭の下がる思いでいた。全ての講演会は予定数を超える audience があり、座長をはじめ参加医師も大いに満足されていた」[*156]

福岡では、日本癌治療学会特別講演を翌日に控えた七七年十月六日、抗がん剤メトトレキサート（MTX）の大量療法をテーマに「サテライトシンポジウム」が開かれ、ストウが講演をした。MTXは、細胞分裂に関係する葉酸の代謝を阻害することで、がん細胞を死滅させる薬だ。MTX大量療法とは、放置すれば重い副作用が出るほど大量のMTXを患者に投与してがん細胞を殺す一方、抗葉酸代謝拮抗剤であるロイコボリンを投与して正常細胞を救い、悪影響を少なくするもので、いわばアクセルとブレーキを交互に踏むことで、がん細胞をたたく効果を上げる療法だ。骨肉腫や中枢神経系に広がった白血病などに効果があるとされる。

ストウの講演には予想を大きく上回る二百人を超える傍聴者が集まった。「会場は立錐の余地もなく立ち見席もいっぱいとなり、中に入りきれない医師・研究者も多くおられた」と小野澤は記す。

この講演の様子を小野澤はカセットテープに録音し、自宅に保管していた。テープには、滑舌が良く、六十五歳とは思えない若々しいストウの声が収録されている。日本の医師らに配慮したのだろう。まるで英語教材のテープのように単語の一つ一つを明瞭に発音している。

講演の冒頭、司会者の国立がんセンター副院長の木村禧代二に紹介され登壇したストウはこんな挨拶をして、会場から笑いを取った。

「ありがとうございます。ドクター木村、ジェントルメン、そう今晩、ここにはレディーはいらっしゃらないようで……。いや失礼、見逃してしまいました」

シンポジウムには、教え子である藤本孟男、金平榮、岡村純の三人も参加していた。ストウは「きょうの講演は、MDアンダーソンの実験室でドクター金と一緒に、臨床現場でドクター藤本、ドクター岡村と一緒に取り組んだ成果です」と付け加えた。三人に敬意を表した当意即妙のスピーチである。

約四十分間のスピーチの後、日本側の医師からMTX大量療法の症例が報告された。米国の論文を基にMTX大量療法を導入したものの、投与の甲斐なく患者が亡くなる症例が目立ち、日本の臨床現場が暗中模索の状態であったことがうかがえる。

ストウが最後の著書『小児における悪性固形腫瘍』(Malignant Solid Tumors in Children : A Review)の序文でこう述べたのを思い出す。

「私は詳細な『治療レシピ』を使いすぎることに対し、反感を覚える。個々の患者によって臨床の環境はさまざまなのだから、出版された情報は治療上の決定の単なるガイドラインとして考えるべきである」*157

小野澤はストウの傍らに三週間密着し、小児がん化学療法の現状と将来について英語で話し合い、「夢のような素晴らしい時間を持つことができた」と振り返る。当時三十八歳の働き盛りだった。

ストウは帰国すると、小野澤の上司に礼状を書き、七八年春に首都ワシントンで開かれる米国がん学会・米国臨床腫瘍学会に小野澤を派遣してはどうかと勧めた。

ストウの希望が通り、小野澤は九州大講師の藤本孟男とともに七八年三月二十一日から四月十日まで、ニューヨーク、ヒューストン、首都ワシントンを回り、がん治療の最前線を見る。ヒューストンの空港では、ストウが出迎えに来ており、ホテルをキャンセルしてストウ宅に泊まることになった。後に、親愛を込めて「おばさん」と呼ぶことになるメアリーに歓待された。このときのストウ家の様子を小野澤はこう書いている。

お邪魔している間、常に日本人留学生及び留学生とおぼしき人間が Sutow 家に屯していた。特に週末になると、三〜五人の若者が Mrs.Sutow の手作りご馳走の和食にあずかるために集まってきていたのには驚いた。Dr.Sutow は〝往く者は追わず、来る者は拒まず〟の態度でおられた。*158

小野澤は、ストウにMDアンダーソン小児科を案内してもらい、台湾出身の生化学者、Y・M・ワンと知り合う。ワンはMTXの血中濃度測定の専門家だ。化学療法には、副作用による生命の危険が伴い、患者を死なすこともある。「Chemotherapy Death（抗がん剤による副作用死）」である。薬剤の毒性を管理し、患者の不慮の死を防ぐためにも、薬剤の血中濃度の測定は極めて重要だった。

学会開催地のワシントンでは、ストウと同じ部屋に泊まった。かつて藤本や金平榮らが経験したように、小野澤もストウの人柄に触れる。日本語で書き留めた学会聴講メモをのぞき込みながら、ストウは「多分、聞き間違いと思うよ。明日聞いてあげるよ」と助け船を出し、翌日、発表者に確認してくれた。ストウが日本語の読み書きができることを、小野澤は初めて知る。

ストウとワンは七八年十一月、日本レダリーの招きで来日し、国立がんセンター、東北大、鳥取大、大阪成人病センター、国立名古屋病院、東京医科歯科大、千葉県がんセンターでＭＴＸ大量療法などをテーマに講演した。

小野澤自身、七七年秋のストウとの出会いをきっかけに毎年、米国の学会に出席するようになり、学会関係者との人脈を広げ、ストウの死後もワンやメアリーとの親交を続けた。化学療法が日本で普及するのに伴い、日本レダリーのがん関連の業績も右肩上がりに伸び、九五年には年間九十億円近くを売り上げるまでになった。

しかし、飛躍的に増えた抗がん剤の売上高に比例して、日本の小児がん医療の質や成績も向上したわけではない。小児腫瘍医ではなく外科医が抗がん剤を使ったり、まるで家庭料理のレシピに書いてある調味料のように抗がん剤を使うことに対するストウの厳しい戒めは、現在の小児がん医療の現場にもあてはまると言ってよい。

# 終章　遺産

## 発病

ＡＢＣＣ時代にストウの同僚だった小児科医の金光正剛は、黄ばんだ地元紙の切り抜きを大切に持っていた。二〇一四年五月、福岡市博多区にある医院を訪ねると、金光は病をおして取材に応じ「一言では表せませんが、ドクター・ストウは人間として大変優れた人でした」と話した。見せてくれたのは、「西日本新聞」（本社・福岡市）の一九八〇年九月一日付夕刊である。

「克服出来る小児ガン　予防も可能な段階に　来福のストー教授に聞く」の見出しで、ストウのインタビュー記事が掲載されている。学術講演のために福岡市を訪れたストウに同社の林編集委員が取材し、執筆したこの記事は、最晩年のストウの肉声を伝える貴重な記録だ。

記事の中で、ストウは、小児がんの治療は大人のがん治療より十年も先を進んでいると述べ、トータル・ケア、チーム医療の神髄を語っている。

子供の命を助けるため、私たちは全身を診断、治療する必要から小児科医をチーフにグループ診療をしている。治療過程の精神状態をみるため精神科医、手術後のリハビリテーションを考えリハビリ専門医も参加する。治療は、何より利害を考える。例えばレントゲン治療すると副作用があるが、命は助かるのかを十分討議する。骨ガンの場合も、切断すれば命が助かるとの見通しならやる。治る率が七〇パーセントだったらリスクがあっても治療に踏み切る。二〇パーセント程度なら考えもので、ゼロパーセントだったらやらない。ガンが〝不治の病〟という消極的な考えはマイナスでガン治療は日進月歩している。*159

子どもへの病名告知の是非を問われ、ストウは次のように答えた。

私は、はっきり「ガンだ」と言ったり「悪いシュヨウだ」という言い方をする。小児ガンには家庭——特に母親の理解と努力が必要だ。私たちは、母親に病気を十分説明する。ガンの種類によっては、二年ぐらい治療が続くこともある。母親が途中で「治療をやめる」と言い出したら、子供の命は救えない。ガンだとわかっても、マイナスだけを考えず出来る限りプラスの面を医師、患者、家族みんなが考えることが大事だ。*160

死の約一年四カ月前にストウが語った内容は、三十年以上の年月が経過した現在にも通用する。最晩年の弟子、細谷亮太によれば、ストウは「日本に帰ったら、ちゃんと患者さんに病気の話をしてＯＫをとってから治療をする、ということをしないといけないよ」と病名告知の大切さを忠告したという。「西日本新聞」の記事は、こうしたストウの姿勢を裏付けている。

克服出来る小児ガン
来福のストー教授に聞く
予防も可能な段階に
大人の治療より大幅進歩
家族も前向きの考えを

死の前年、ストウ医師の肉声を伝えた「西日本新聞」（1980年９月１日夕刊）

ストウは一九八一年三月二十四日付で研究仲間に手紙を書き、自分が病気のため入院治療中であることを伝えた。*161

病気とは肺がんである。

小野澤の記録によれば、ストウの肺がんは八〇年秋に撮影したエックス線写真がきっかけで発覚した。ストウ家の書生、木本良亮によると、夫の体調の異変にメアリーが気付いたのは、テレビをみるときの仕草がきっかけだった。普段はカウチに座るのに、ソファに寝そべることが多くなった。メアリーは診察を受けるよう促したという。

ストウはMDアンダーソンで右下肺野の切除手術を受けたが、術後の補助的化学療法は施されなかった。

当時、愛知医科大小児科教授だった藤本孟男も「肺がんの手術を受けた」との手紙を受け取った。首都ワシントンで八一年四月末に開かれた米国がん学会でストウと再会する。ストウは元気な様子で、抗がん剤メトトレキサートをテーマに十二月に東京で開くシンポジウム出席を楽しみにしていたという。

小野澤は五月に渡米した際に、術後の補助的化学療法が行われなかった訳を尋ねると、ストウは憮然とした表情を浮かべ、「外科の主治医は『手術は成功した。術後の Adjuvant Chemotherapy（補助的化学療法）は不要だ』と言った」と答えた。しかし、治療方針への文句めいたことは口にしなかった。空咳をし、のど飴をなめるストウの姿を小野澤は覚えている。

八月に肺がんが再発した。ストウは十月に全身の倦怠感を訴え、精密検査の結果、全身の骨と脳への転移が確認され、MDアンダーソンに入院した。病状は秋が深まるにつれて悪化し、視力が衰え、機敏な受け答えもできなくなっていった。

## 旅立ち

「タケオ、会いに来てほしい」

ストウは藤本孟男に手紙を送り、藤本夫妻にヒューストンに来てほしいと伝えた。ヒューストンで十一月、「二十一世紀のがん対策」をテーマにシンポジウムが開かれ、その席上でストウにMDアンダーソンがんセンターの業績賞が授与されることになったのだ。

藤本は、愛知医科大でのスケジュールを調整し、妻元子とともにヒューストンに駆け付ける。入院中のストウに代わり、メアリーとともに授賞式に出席した。病室でストウにメダルを手渡した。

「元気を出してください」と藤本が励ますと、ストウは「もうマスタープランを書く時間がないよ」と答えた。

サリバンが記したストウの評伝によれば、入院中のストウは主治医に「私の病気から考えられるすべてを学びなさい」と言い、髄液中の抗がん剤のレベルが十分ではないとしかることもあった。小児科の同僚たちには「死後、組織のメトトレキサートのレベルを測りなさい」と求めた。*162

苦痛を伴う化学療法を幼い患者たちに施してきたストウにとって、自らの体を医学の進展に少しでも役立てたいと考えるのは当然であったのかもしれない。

普段、人前ではほとんど日本語を話さなかったストウだったが、病状が悪化し、意識が薄れるなか、口にしたのは日本語だった。ベッド脇で付き添うメアリーが通訳を務めた。

ストウは一九八一年十二月二十日午前十時、息を引き取った。六十九歳だった。

たばこを一切吸わないストウがどうして肺がんになったのか。ストウの同僚や弟子たちはいぶかった。

第二次世界大戦中、ストウは立ち退き先のユタ州サンディで牧草の刈り取り作業をしたことがあり、その粉塵を吸い込んだのが良くなかったとの見方がある。ビキニ水爆実験の被災住民に対する医学調査でマーシャル諸島ロンゲラップ島をたびたび訪れていたことから、残留放射線の影響を指摘する向きもある。しかし因果関係は分からない。

告別式は同二十七日と二十八日にMDアンダーソン内のチャペルで営まれ、オランダ出身の小児科教授ジャン・バナイズ（Jan van Eys）が弔辞を述べた。「名高き人をいざ讃えん」（Come Let Us Now Praise This Famous Man）と題する長い弔辞だ。

バナイズが弔辞に重ね合わせたのは、作家・映画批評家のジェームズ・エイジーと写真家のウォーカー・エバンズが一九三六年にアラバマ州の農村を取材したルポルタージュである。*163 アパラチア山脈の麓に広がる農村の貧しく、ありふれた暮らしを記録したルポは、なぜ弔辞に引用されたのか。

バナイズは、物静かで控えめなストウの中に、農民のようなにおいをかぎ取っていたようだ。

「農民のありふれた暮らしの記録は全米に静かな感動を引き起こしましたが、物静かな日系の小児科医が半生を懸けた小児がん治療の成果は世の中に大きな影響を及ぼしました」とバナイズは述べる。

バナイズによれば、ストウは亡くなる十日ほど前、バナイズとの軋轢をわびた上で、小児腫瘍学のあるべき姿を助言したという。「彼は自らの業績に対する謝辞など期待せず、子どもたちが最大限治癒されるよう保証してほしいと話していました」[*164]

ストウの最期の姿は、バナイズにある詩を思い起こさせた。エミリー・ディッキンスンの『もしも一つの心を』（If I Can Stop）である。

もしも一つの心を悲しみから救ってあげられたなら
わたしの一生はむだにならないでしょう
もしも一つの生命《いのち》の痛みをやわらげられれば——
一つの苦痛を鎮《しず》められれば——
弱った一羽のコマドリを
もとの巣へ戻してやれたなら——
わたしの一生はむだにならないでしょう

（河野一郎訳[*165]）

バナイズはこの詩を朗読した後、次のように述べて弔辞を締めくくった。

ワット・ストウの人生は無駄ではありません。疼きを和らげ、痛みを鎮めるために子どもたちに近づいていきました。私たちは、一人一人の子どもたちに寄り添って彼がつかんだ経験の受益者であり、また多くの子どもたちは生涯の受益者であります。たとえ彼の功績が大きくとも、彼の墓碑は小児腫瘍学ではありません。重要なのはワット・ストウが亡くなった後も、がんを患う子どもたちを治療し続ける方法です。私たちこそが彼の墓碑であり、治療法をはっきりと見えるように、欠点のない状態に維持しなければならない。この名高い人を讃え続けられるかどうかは、私たちがどう振る舞うかにかかっている。[*166]

一方、日野原重明、井田憲明、藤本孟男ら日本の友人や弟子らに悲しみが広がったのは言うまでもない。「ストウ記念基金」の設立を決めたMDアンダーソンからの寄付の要請に応じ、日野原ら二十五人が発起人となり、翌八二年に「日本W・W・Sutow先生記念国際癌研究募金委員会」が発足した。事務局は藤本が教授を務める愛知医大小児科教室である。テキサス医療センター図書館に残されたパンフレットには、日本の医学再生に果たしたストウの役割が簡潔に記されている。

先生は癌化学療法の臨床研究の分野で新しい治療プログラムを開発され数々の小児癌に治癒をもたらし、人類の幸福に貢献されました。学者的良心に徹し、幅広い常識に富んだ円満な人格により、戦後の我々と米国との癌研究の懸橋として、大戦により潰滅していた日本の医学の再生と興隆のため、地味ながら信頼される暖かい手をさしのべていただきました。[*167]

しかし、日本のマスメディアがストウの逝去を大きく伝えることはなかった。ストウの足跡の大きさに気付くのは、日本の小児がん対策の立ち遅れが問題となる最近になってからだ。MDアンダーソンがんセンターの紀要『キャンサー・ブレティン』（The Cancer Bulletin）は八二年五―六月号でストウ追悼の特集を組んだ。長年、MDアンダーソンの院長としてがん治療を牽引し、五四年にストウを招聘したリー・クラークは巻頭に追悼文を寄せた。

もし二十世紀のがん征圧、腫瘍学の物語が書かれるとしたら、ワタル・ストウ医師の名前はリストの最初にあるだろう。この限定版の記念論文集に謝辞が載るのは明らかだ。感謝の言葉は世界中にこだまする。それは、ストウを愛し尊敬した同僚による謝辞であり、また、今、彼の教えに従っている同僚の謝辞だ。そして、次代を担う医師や科学者を教えるためにストウの水準の高さ、思慮深さを追い求める同僚の謝辞なのである。[*168]

「友そして同僚」と題したクラークの文章にはストウへの哀惜の思いがこもっている。

## 追憶

ストウの長女エレンと初めて会ったのは二〇〇三年十二月だった。カリフォルニア州サンカルロスの自宅を訪ね、父親の思い出や一家の広島滞在中の体験を二時間ほど語ってもらった。自宅はサンフランシスコ湾を望む高台にある。居間に通されると、オーディオ機器から「ずいずいずっころばし」など日本の童謡が流れ、細やかな気遣いがうかがわれた。

「父は物静かで謙虚な人でした。マジックを愛し、人を喜ばすのが好きでした。家庭では『自慢してはいけない』『自分のことを吹聴してはいけない』と私たちを諭すこともありました」

ストウの人柄を尋ね、続いてABCCによる活動が被爆地で「被爆者をモルモット扱いした」と厳しく批判されていることを伝えると、エレンはこう答えた。

「ただ研究のためだけに、父が日本やマーシャル諸島へ行ったとは考えにくい。なぜなら父は『医師とはまず、癒やしの人（healer）である』と話していたからです」

「癒やしの人」と「核の研究者」。このときのインタビューは、ストウが抱える二面性を考え、人間像を掘り下げるきっかけになった。

翌月、エレンから手紙が届く。昔、ストウの書斎で机の周りを掃除したときの思い出が綴られていた。

「机の引き出しには、元患者やその家族から届いた手紙、写真、はがきがぎっしり詰まっていました。多くは高校や大学を卒業したとの知らせ、そして結婚の知らせです。とても多くの人々、多くの街から届いたはがきを一つ一つ見て驚きました。メッセージの内容はほとんど同じだったのです。人々のその日を可能にした父への感謝の言葉でした」

幼いときにMDアンダーソン小児科で治療を受け、病と闘った患者たちが人生の節目でストウに贈った感謝の言葉。それは、ストウが紛れもなく「癒やしの人」であったことを裏付ける。一方で、広島、長崎で原爆の子を調べたストウにも、「被爆者をモルモット扱いした」との批判の矛先が向けられる現実は拭えない。エレンは「(原爆投下から) 半世紀が経過した今もなお、そんな怒りが存在することを知って本当に悲しい」と綴った。

その後、手紙、メールのやりとりを重ねるうちに、エレンはこんな逸話を教えてくれた。

「プロフェッショナルな環境で仕事をする親を目撃する光栄に浴することは、子どもにはなかなかできない。だから、とても幸運で、その日は驚嘆と誇りで満たされていました」[*169]

父の形見の貝殻を前に思い出を語る長女エレン（2003年12月、著者撮影）

「その日」とは、ストウが母校、スタンフォード大医学部の大教室で教職員、学生ら数百人を前に講義をした日のことである。正確な日時は分からない。それは長女エレンとその夫で建築家のフィリップが共にスタンフォード大職員をしていた頃、一九七五年から八〇年頃までの出来事である。小児がん治療に関する極めて専門的なテーマであったとエレンは記憶している。

エレン夫妻は学内の事務所を抜け出し、講義を聴きに医学部へ向かった。

教室は既にほとんど満席で、入り口には人が列を成していた。「私たちは大学の技師で、ストウ医師の娘と娘婿なんです」――そう断りながら、夫妻はステージを見下ろす席を何とか見つけた。

「父は、とても小さく見えた」とエレンは回想する。だが、講義が始まると、ストウの存在感は教室中に広がった。エレンが驚いたのは、小児がん治療というテーマにもかかわらず、教室が笑いに包まれたからである。

ストウのプレゼンテーションはユーモアにあふれていた。「なんと驚くべき講演者であるのか。空間を支配し、いとも簡単に自分の仕事を理解させる」――父の絶妙な話術に、エレンはあっけにとられた。

講義が終わると、ストウに大きな拍手が贈られた。教室を出たエレン夫妻の背後で、二人の女性が会話するのが聞こえた。「とても偉大な先生」「ものすごい研究をしている」――。立ち退き先のユタ州で生まれ、貧しい生活を経験し、父の赴任先の広島では日系米国人として疎外され、心に傷を負ったエレンにとって、この日の出来事は「目を開かれるような体験」であり、宝物の

カリフォルニア州グアダルーペの共同墓地に建つストウ一家の墓碑。前列左から妻メアリー、ストウ、姉ヨシイ、父彌作・母ヨシ。ここには多くの日本人移民が眠る。（2013年12月、著者撮影）

ように記憶にとどめている。

エレンは、父方の祖父である彌作の名前を聞かされていなかった。

「父の家族については残念ながら何も知りません。私が知っているのは、父方は北日本出身であり、父が歓待されなかったことだけです*170」

ストウは最初に日本へ赴任した時、彌作の家族に会いに行ったが、歓迎されず、以後、彌作の家族について話すことは決してなかった。エレンがメアリーから断片的に聞いたところでは、彌作と日本の家族との間で争いごとがあったらしい。争いごとの原因を詮索しても意味はない。すべては百年の歳月の向こうにある。

核の時代と向かい合い、小児がん治療を牽引した小児科医ワタル・ストウ。その名を語り継ぐとき、否応なしに二十世紀の諸相が思い起こされる。生活の糧を求め太平洋を渡る移民、日米開戦に伴い住み慣れた土地を追われる人々、広島、長崎、マーシャル諸島を襲った筆舌に尽くしがたい核の惨禍、そして不治とされた病に挑む医師たち……。いずれの場面にも、次代を担う子どもたちの姿があった。二十一世紀を生きる私たちはストウの生涯から何を受け継ぐことができるのだろうか。

かつて日本人移民が野菜栽培に汗を流したカリフォルニア州グアダルーペの共同墓地に、ストウは妻メアリー、父母、姉、弟とともに眠っている。柔らかな日差しが注ぐ冬の日、墓参りをすると、マーガレット、ユリ、ポインセチアなど色とりどりの花が一家の墓碑に手向けられていた。墓碑には白衣を着たストウの小さな写真が焼き付けられ、「A KNOWING AND GENTLE MAN」（物知りで穏やかな人）と刻まれている。その表現は、一九三〇年に高校の年鑑に掲載された人物評とほぼ同じだ。ストウは長い旅を終えて、生まれ育った故郷に帰ったのである。

米軍服に身を包み、ABCCスタッフらと記念写真に収まるストウ医師（前列中央)。前列左端からサリバン医師、1951年〜53年に ABCC所長を務めたテイラー医師。この３人が MDアンダーソン病院小児科の黎明期を支えた。(撮影日不明 ＝ 提供：テキサス医療センター図書館マクガバン歴史センター)

特別寄稿

# 『小児科医ドクター・ストウ伝
## ――日系二世・原水爆・がん治療』を読んで

聖路加国際大学名誉理事長　日野《ひの》原重明《はらしげあき》

私は今般、ストウ・ウォルター・ワタル医師の生誕から死亡に至る六十九年間の克明な伝記に目を通し、日本人の血を引く一人の医師の歩んだ人生に新たな感慨を覚えています。

ストウ先生は医学を志してカリフォルニア州のスタンフォード大学医学部からユタ大学医学部を卒業、一九四八年に上司のテイラー医師とともに広島市の比治山にある米国軍の施設（ＡＢＣＣ）に勤務されました。そして一九五〇年に帰国され、以来、ヒューストンのＭＤアンダーソン病院で小児科医として働いておられました。ストウご夫妻との深い関わりは、私が一九五一年から一年間米国に留学した時に、カリフォルニア州レッドウッド市に住んでおられたストウご夫妻との親しいお付き合いに端を発しています。それ以後、私の勤務する聖路加国際病院の小児科から細谷亮太医師をはじめ何人もの小児科医がMDアンダーソン病院で研修を受けてきましたが、日本人研修医はテイラー教授の下で懇切な指導を受け、そして親身に世話をしてくれたのはストウ医師とメアリー夫人でした。

将来、米国留学を志す若い医学徒に、激動する時代のさなかに日米両国で活動した一人の医師を知ってもらいたいと願い、本書を推薦する次第です。

# あとがき

ドクター・ストウの生涯を綴ってみたいと考え始めて十二年になる。長女エレンさん、ABCC勤務時代以来の友人であるジェームズ・ヤマザキ医師からお話をうかがったのがきっかけだ。日系二世の苦難の歴史を背景に、小児科医ストウの生きざまが垣間見えた。取材の節目では、初期ABCCの生き字引である人類遺伝学者、ウィリアム・シャル博士に助けていただいた。二〇一二年秋には福島県伊達市の農家でストウらのパノラマ写真と出会い、もう逃げられなくなった。

広島、長崎の被爆者を研究対象とし、健康被害を成果として米政府や軍に報告したABCC。そのありさまは、ペンシルベニア大のスーザン・リンディー教授（科学史）が喝破したように「植民地科学」同然で、忌まわしい。しかし、そこで働いた医師や研究者は生身の人間であり、きのこ雲の下でどんな人間的悲惨が広がったのかを知る数少ない米国人ではなかったか。ストウは被爆地での体験を基に小児がんとの闘いを始めたのではないか。定型化されたABCC史に潜む個人史をきちんと書き残したいと私は考えた。

取材・執筆の合間に思い浮かべたのは、在野の科学史家、故笹本征男さんの顔だ。笹本さんはGHQ資料を国立国会図書館で自ら渉猟し、著書『米軍占領下の原爆調査』を書き上げ、被爆者援護そっちのけで米国の調査に協力した日本政府の姿を暴いた。笹本さんならストウの生涯をどう評価するだろうか。「あんた、甘いよ」と語気鋭く指摘されるのでは……。恐る恐る着想を話すと、笹本さんは思いの外黙って聞いてくれた。独り身で前立腺がんを患いながらも最期まで学究と被爆者援護の姿勢を貫いた笹本さん。その姿はとてもまぶしく見えた。

本書は、十二年間に集めた諸資料、取材記録を基にしている。浅学非才ゆえ、事実関係の誤り、重要事項の欠落があるかもしれない。大いに叱正を賜りたい。核の時代を駆け抜けたドクター・ストウ。その姿は今、現代史の闇に消えようとしている。本書がストウの生涯を検証する契機になることを望んでやまない。

日米、マーシャル諸島の関係先を訪ね、ストウの素顔を知る方々にインタビューをした。日野原重明、ヤマザキ、シャル、サム・マエナガ、セビオ・ショナイバー、井田憲明、金光正剛、藤本孟男、金平榮、岡村純、細谷亮太、小野澤初男、木本良亮の各氏である。ご協力に厚く御礼を申し上げる。出版に当たり日野原氏から寄稿を、井田、藤本、金、岡村、細谷の各氏からメッセージをいただいた。テキサス医療センター図書館、全米科学アカデミー、放射線影響研究所が所蔵する諸資料は、歴史の空白を埋める一里塚になった。アーキビストの労に感謝したい。職場の先輩である野崎進、岡本彰、古賀泰司、松岡徹、杉田弘毅、上野敏彦の各氏には一連の取材にご支援をいただいた。社会科教育研究会の大濱徹也、村田文江、黒井茂の三氏には貴重な助言をいただいた。編集者の二宮善宏、関口秀紀、蟹沢格の三氏にも感謝を申し上げたい。とりわけ二宮さんは遅筆の私を見放さず、ゴールへ導いてくださった。長年の単身赴任を辛抱してくれた妻直枝と三人の子、佳奈、哲弥、仁美に本書を手渡せるのがささやかな喜びである点も、付け加えさせていただく。

二〇一五年八月十五日　名古屋の自宅にて

長澤克治

## 注

＊1　http://mcgovern.library.tmc.edu/collect/manuscript/Sutow/Sutow_bio.htm（二〇一二年二月十二日閲覧、印刷）

＊2　『南加日本人年鑑第2号（1918〜1919）』（ロサンゼルス、帝国印刷所出版部、一九一九年）E20

＊3　『在米日本人人名辞典』（日米新聞社、一九二二年）

＊4　保原町史編纂委員会『保原町史　第一巻通史』（保原町、一九八七年）五四一頁

＊5　保原町史編纂委員会『保原町史　第三巻資料近代現代』（保原町、一九八七年）四二〇頁

＊6　前掲書、三八七〜三八八頁

＊7　津田功『想いは北へ――福島団体北海道移住百年史』（一九九七年）

＊8　前掲書、一二頁

＊9　吉田惠子「東日本における明治期出移民の実態――明治三十一年〜四十五年の福島県出移民旅券データから」、（国際協力事業団『移住研究』二九号、一九九二年）七四〜八八頁

＊10　奥泉栄三郎監修『初期在北米日本人の記録　北米編　第一二冊』（文生書院、二〇〇三年）。本書は佐藤安治『加州と福島県人　南加篇』（加州福島県人発展史編纂所、一九二九年）の復刻版。彌作への言及は下巻三三頁など

＊11　『保原町史　第三巻資料近代現代』一三五〜一四九頁

＊12　ユウジ・イチオカ（富田虎男他訳）『一世――黎明期アメリカ移民の物語り』（刀水書房、一九九二年）一頁

＊13　http://newsroom.ucla.edu/releases/Yuji-Ichioka-UCLA-Asian-American-3489（二〇一五年九月二十日閲覧、印刷）

＊14　ユウジ・イチオカ前掲書、二五九頁

＊15 前掲書、二八一頁

＊16 坂久五郎『サンタマリア平原日本人史』（ガタループ日本人会、一九三六年）一三頁

＊17 前掲『サンタマリア平原日本人史』二四九、二五五頁

＊18 大田の歴史編纂委員会『大田の歴史——大地を継ぐ』（保原町大田公民館、一九八七年）一七七〜一八〇頁

＊19 The Student Body of the Santa Maria Union High School, *The Review; Vol.35, Nineteen Hundred and Thirty*, Santa Maria, 1930, p.22

＊20 http://www.stanford.edu/about/history/index.html

＊21 二〇〇三年十二月、ロサンゼルス郊外のヤマザキ博士自宅でインタビュー

＊22 スタンフォード大公式ホームページで検索できる。http://library.stanford.edu/collections/stanford-university-publications

＊23 坂久五郎、前掲書、一四〜一五頁

＊24 『野球殿堂博物館　Newsletter』（第二三巻　第一号、二〇一三年）

＊25 二〇一三年十二月十八日付電子メール、筆者はエレン・S・ウィリアムズ

＊26 一九四一年十二月十二日付　L.R.Chandler 学部長の署名入り文書、テキサス医療センター図書館所蔵

＊27 一九七二年五月十日付福岡県志摩郵便局消印の航空郵便書簡、差出人は瀬知五郎、タニ、宛先はストウ夫妻、テキサス医療センター所蔵

＊28 Grant Taylor (ed.), *Pioneers in Pediatric Oncology*, University of Texas M.D. Anderson Cancer Center, 1990, p.288

＊29 マイク・正岡、ビル・細川（塩谷紘訳）『モーゼと呼ばれた男　マイク・正岡』（TBSブリタニカ、一九八八年）一二三頁

＊30 *Pioneers in Pediatric Oncology*, p.288

＊31 University of Utah School of Medicine History http://medicine.utah.edu/history.php

＊32 米サイト「Ancestry.com」から入手したリストに依る。原データはFinal accountability rosters of evacuees at relocation centers, 1944–1946. Microfilm publication M1965, 10 rolls. Records of the War Relocation Authority, Record Group 210. National Archives and Records Administration, Washington, D.C.

＊33 「ユタ日報」復刻版第五巻（「ユタ日報」復刻松本市民委員会、一九九五年）一八三頁

＊34 前掲書、一九〇頁

＊35 *Pacific Citizen*, October 11,1947

＊36 オーウェン（Philip S. Owen）は、スイス・ローザンヌに生まれ、ハーバード大で学んだ後、一九三四年にニューヨーク大から学士号、三七年にエール大から医学博士号を取得。四三年から五七年まで全米研究評議会（NRC）医学部門の責任者を務めた。NRC退職後の六三年七月二日にコネチカット州の自宅で死去。五十四歳だった。New York Times, July 9,1963

＊37 一九四七年十月三十一日付書簡、放射線影響研究所所蔵

＊38 「原爆傷害調査委員会　一九四七―一九七五　ABCC－予研共同研究総括報告書」（原爆傷害調査委員会、一九七七年三月）一、二頁

＊39 中川保雄『増補　放射線被曝の歴史』（明石書店、二〇一一年）五二〜五三頁

＊40 笹本征男『米軍占領下の原爆調査――原爆加害国になった日本』（新幹社、一九九五年）九八〜一四三頁

＊41 James V. Neel, *Physician to the Gene Pool*, John Wiley & Sons, New York, 1994, p.59

＊42 Ibid., p.17

＊43 Ibid., p.58

＊44 一九四七年十二月十六日付書簡、筆者はJohn A. Anderson（ユタ大医学部小児科主任教授）、宛先はPhilip S. Owen（博士、NRC）、放射線影響研究所所蔵

＊45 "Dr. Sutow to Leave For Work Among Victims of the Atom Blast", *Pacific Citizen*, July 8,1948

＊46 "Hiroshima-Bound", *The Northwest Times*, July 10,1948

＊47 一九四八年十二月二十八日付書簡、宛先は Dr. Alfred Washburn（The Child Research Council, Denver, Colorado）, テキサス医療センター図書館所蔵

＊48 前掲書簡

＊49 Wataru W. Sutow "Summary of Medical Studies on Hiroshima Children Exposed to the Atomic Bomb 1951–53", ABCC, NYO4478, TISE, 1957

＊50 前掲 pp.3–4

＊51 George Plummer, 'Anomalies Occuring in Children Exposed in Utero to the Atomic Bomb In Hiroshima', *Pediatrics* vol. 10 No. 6 December 1, 1952, p.692

＊52 中国新聞社編『年表ヒロシマ　核時代五〇年の記録』（中国新聞社、一九九五年）五八二頁

＊53 Wataru W. Sutow, 'Analysis of Pediatric Medical Examination of Hiroshima "1000-Meter" Children & Their Controls', ABCC Reports, 1952

＊54 ABCC管理部門のT.S.Koiwaiによる一九五四年十二月二十四日付書簡、放射線影響研究所所蔵

＊55 ユタ大医学部一九四五年卒業のクラスメート宛一九五五年五月二十日付書簡、テキサス医療センター図書館所蔵

＊56 放射線影響研究所所蔵

＊57 前掲、一九五五年五月二十日付書簡

＊58 一九五一年九月六日付書簡、筆者はワタル・W・ストウ大尉、宛先は the Adjutant General Department of the Army, テキサス医療センター図書館所蔵

＊59 一九五一年九月十二日付書簡、筆者は M.C. Winternitz、宛先は Major General George E. Armstrong（米陸軍軍医総監）、テキサス医療センター図書館所蔵

＊60　二〇一四年五月十四日、十八日、十九日インタビュー

＊61　Memorandum for Record,"Interview with Pediatricians from Kyushu University Medical School" by Wataru W. Sutow, M.D., GHQ/SCAP Records, Public Health and Welfare Section, PHW01716-01718（連合国最高司令官総司令部公衆衛生福祉局文書、国会図書館憲政資料室所蔵）

＊62　Wataru W. Sutow "Summary of Medical Studies on Hiroshima Children Exposed to the Atomic Bomb 1951–53", p.2

＊63　羽二生邦彦『成長障害の診察室から』（医学図書出版、二〇〇二年）二四、二五頁

＊64　William Walter Greulich, S. Idell Pyle, *Radiographic Atlas of Skeletal Development of the Hand and Wrist*, Stanford University Press, Stanford,1950,59

＊65　前掲 pp.19–21

＊66　一九四八年一月十九日付書簡、筆者は Philip S. Owen、宛先はストウ、放射線影響研究所所蔵

＊67　一九四八年七月二十九日付書簡のコピー、筆者は William Walter Greulich（スタンフォード大解剖学教授）、宛先は Carl Tessmer（ＡＢＣＣ所長、米陸軍軍医・中佐）、テキサス医療センター図書館所蔵

＊68　CAC Meetings:Second:1 May 1947, Box 79, ABCC Records Group, NAS Archives

＊69　Letter that W.W.Greulich wrote to S.L.Warren on May 26,1947: NV0140084, DOE Open-net, DOE Nuclear Testing Archive

＊70　Letter that S.L.Warren wrote to W.W. Greulich on June 04,1947: NV0140085, DOE Open-net, DOE Nuclear Testing Archive

＊71　W.W.Greulich,C.S.Crismon,M.L.Turner, "the Physical Growth and Development of Children who Survived the Atomic Bombing of Hiroshima or Nagasaki", *The Journal of Pediatrics*, vol.43, Issue 2, August 1953, pp. 121–145

＊72　前掲論文、p.122

＊73　前掲論文、p.145

＊74　門間和夫「循環器疾患研究を支えた人々　高尾篤良」、Cardiac Practice vol. 20, No.2, 2009, pp.99–100

＊75　一九四八年七月二十九日付書簡、筆者はウィリアム・W・グルーリック、宛先は長崎医大教授の佐野保、テキサス医療センター図書館所蔵

＊76　一九四八年八月二十五日付書簡、筆者はワタル・ストウ、宛先は長崎医大小児科・佐野教授、テキサス医療センター図書館所蔵

＊77　「佐野保先生を囲んで」（『小児科診療』三七巻、八号一九七四年）五九～七一頁

＊78　一九七二年七月十日付書簡、筆者は青森県八戸市、村井幸吉、宛先はワタル・ストウ、テキサス医療センター図書館所蔵

＊79　アール・L・レイノルズ「広島原爆被爆児童の成長及び発育　三か年（一九五一―一九五三）の研究」（ABCC業績報告書、一九五九年）

＊80　レイノルズ、前掲論文、一五頁

＊81　Earle Reynolds "Hiroshima is My Home", p.8, Special Collections, the University Library, University of California, Santa Cruz

＊82　William J. Schull, *Effects of Atomic Radiation*, Wiley-Liss. ,New York, 1995, pp.52-54

＊83　近藤紘子『ヒロシマ、60年の記憶』（徳間文庫、二〇〇九年）一四七頁

＊84　W.W.Greulich,C.S.Crismon,M.L.Turner, "the Physical Growth and Development of Children who Survived the Atomic Bombing of Hiroshima or Nagasaki", The Journal of Pediatrics, vol.43, Issue 2, August 1953, pp. 141–145

＊85　ロバート・ミラー医師の回想に基づく。（元職員・関係者の追想録：Miller の ABCC――放影研の想い出、一九五三～一九九〇年：第一部　http://www.rerf.or.jp/history/psnacount/miller.html：二〇一四年十月一日

閲覧）

＊86 Minutes of Contactors Meeting,2 April 1952（ABCC Department of Patient Contacting）テキサス医療センター図書館所蔵

＊87 井田憲明「ヒロシマと広島」『ヒロシマ　広島　60年』（広島市医師会、二〇〇五年）二九〜三〇頁

＊88 一九五二年八月十一日付書簡、筆者はストウ、宛先は広島逓信病院長、蜂谷道彦医師、テキサス医療センター図書館所蔵

＊89 MS#73 William C. Moloney, M.D., papers;1952–1954　テキサス医療センター図書館所蔵

＊90 日誌に添付された記事は「中国新聞」一九五三年九月二〇日付夕刊「貴重な新薬を提供　原爆症少年に米人医師の愛情」、「中国新聞」一九五四年二月二十七日付朝刊「近代医学の力空し、春に逝く」

＊91 Sidney Farber et al,"Temporary remissions in acute leukemia in children produced by folic acid antagonist, 4-aminopteroyl-glutamic acid (aminopterin), *The New England Journal of Medicine*, vol.238, No.23, June 3, 1948, pp.787–793

＊92 シッダールタ・ムカジー（田中文訳）『病の皇帝「がん」に挑む［上］』（早川書房、二〇一三年）一四六〜一四七頁

＊93 山脇卓壮「私と原爆」『ヒロシマ　医師のカルテ』（広島市医師会、一九八九年）一八六〜一八九頁

＊94 Grant Taylor, *Remembrances & Reflections*, The University of Texas Health Science Center at Houston, 1991, p.140

＊95 Wataru W. Sutow and Margaret P. Sullivan,"Wataru W. Sutow" in Grant Taylor (ed.), *Pioneers in Pediatric Oncology*, The University of Texas M.D. Anderson Cancer Center, Houston, 1990 ,p.283

＊96 前掲書 p.284

＊97 Grant Taylor, *Remembrances & Reflections*, p.182

＊98　前掲書 p.182

＊99　前掲書 p.183

＊100　前掲書 p.184

＊101　Grant Taylor（ed.）, *Pioneers in Pediatric Oncology*, The University of Texas M.D. Anderson Cancer Center, 1990, p.285

＊102　Grant Taylor, Ibid, pp.173–177

＊103　Grant Taylor, Ibid, pp.25–34

＊104　George E. Foley "Sidney Farber", in Grant Taylor（ed.）, *Pioneers in Pediatric Oncology*, p.87

＊105　シッダールタ・ムカジー、前掲書、四三〜四六頁

＊106　Wataru W. Sutow, *Malignant Solid Tumors in Children: A Review*, Raven Press, New York, 1981, p.215

＊107　福田治彦「The Southwest Oncology Group（SWOG）」（『分子細胞治療』五巻六号、二〇〇六年、六六〜七一頁）; Grant Taylor, Remembrances & Reflections, p.191, http://www.swog.org/Visitors/History.asp（二〇一四年九月六日閲覧）

＊108　Grant Taylor, *Remembrances & Reflections*, p.191

＊109　James S. Olson, *Making Cancer History*, the Johns Hopkins University Press, Baltimore, 2009, pp.106-107

＊110　Wataru W. Sutow, Teresa J. Vietti and Donald J. Fernbach（eds.）, *Clinical Pediatric Oncology*, Mosby, Saint Louis, 1973

＊111　Ibid., p.4

＊112　*The Eagle*（Bryan, Texas）Edition, 一九七四年三月三〇日の記事。新聞記事サイト「Newspapers.com」を通じて入手。www.newspapers.com/Image/#47711521（二〇一四年四月二十六日閲覧、印刷）

＊113　Steven L. Simon et al., "Radiation Doses and Cancer Risks in the Marshall Islands Associated with Exposure to Radioactive Fallout from Bikini and Enewetak Nuclear Weapons Tests: Summary", *Health Physics*, 2010 August; 99 (2), pp.105–123

＊114 一九五七年八月十四日付書簡、宛先はストウ、差出人はブルックヘブン国立研究所・マーシャル諸島医学調査団長のロバート・コナード医師（Dr. Robert Conard）、テキサス医療センター図書館所蔵

＊115 一九五七年八月十六日付書簡、宛先はテイラー、テキサス医療センター図書館所蔵

＊116 豊崎博光『マーシャル諸島　核の世紀——一九一四—二〇〇四（上）』（日本図書センター、二〇〇五年）四三一頁

＊117 Robert A. Conard et al., *March 1957 Medical Survey of Rongelap and Utirik People Three Years After Exposure to Radioactive Fallout*, Brookhaven National Laboratory, Upton, New York, pp.8–9 https://www.osti.gov/opennet/servlets/purl/16377889-0kQwqc/16377889.pdf（二〇一四年十月五日閲覧）

＊118 一九五七年十一月十九日付書簡、差出人はLee B. Lusted,M.D.、テキサス医療センター図書館所蔵

＊119 一九五八年七月三日付書簡、宛先はDr. Robert Conard、テキサス医療センター図書館所蔵

＊120 一九五八年八月二十六日付書簡、差出人はRobert A. Conard M.D.、宛先は Dr. W.W.Sutow、テキサス医療センター図書館所蔵

＊121 一九五八年五月二十二日付書簡、宛先はDr. Hyman Hechter、テキサス医療センター図書館所蔵

＊122 一九五八年五月五日付書簡、宛先はDr. Hideo Yagi、テキサス医療センター図書館所蔵

＊123 Robert A. Conard et al., *Medical Survey of Rongelap People, March 1958, Four Years After Exposure to Fallout*, Brookhaven National Laboratory, Upton, New York, p.32 https://www.osti.gov/opennet/servlets/purl/16377475-cdMhbW/16377475.pdf（二〇一四年十月五日閲覧）

＊124 一九六一年十月二十四日付書簡、宛先はDr. Robert Conard、テキサス医療センター図書館所蔵

＊125 Robert A. Conard et al., *A Twenty-Year Review of Medical Findings in A Marshallese Population Accidentally*

*Exposed to Radioactive Fallout*, Brookhaven National Laboratory,Upton,New York https://www.osti.gov/opennet/servlets/purl/16377482-4Cg5PX/16377482.pdf （二〇一四年十月五日閲覧）

＊126 W.W.Sutow and R.A.Conard "The Effects of Fallout Radiation on Marshallese Children", in M.R. Sikov and D.D.Mahlum (eds.), *Radiation Biology of the Fetal and Juvenile Mammal*, Proceedings of the 9th Annual Hanford Biology Symposium, Richland, Wash, May 1969, CONF-69051, 1969, p.666

＊127 一九七九年十月二十九日付書簡（ジェームズ・ヤマザキ氏所蔵）

＊128 一九六五年十月十二日付書簡、差出人は Katnar Marrin (Marshall Islands High School, Majuro)、テキサス医療センター図書館所蔵

＊129 一九六五年十月二十六日付書簡、宛先は Katnar Marrin、テキサス医療センター図書館所蔵

＊130 一九六八年十一月五日付書簡、宛先は Mr. John Anjain、テキサス医療センター図書館所蔵

＊131 一九六八年十一月十一日付書簡、差出人は John Anjain、テキサス医療センター図書館所蔵

＊132 Earnest Libby, "The Aurak Hunt", *Hawaiian Shell News*, September, 1971 http://www.internethawaiishellnews.org/HSN/1971/7109.pdf（二〇一四年十月十八日閲覧）

＊133 斉藤達雄『ミクロネシア』（すずさわ書店、一九七五年）二四六〜二四七頁

＊134 豊﨑博光『マーシャル諸島　核の世紀――一九一四―二〇〇四（下）』（日本図書センター、二〇〇五年）一九〜二三頁

＊135 "Summary of Attempted Medical Survey of the Rongelap and Utirik People, March 1972" テキサス医療センター図書館所蔵

＊136 斉藤達雄、前掲書、二五〇〜二五二頁

＊137 一九七二年五月十七日付書簡、宛先は The Congress of Micronesia、テキサス医療センター図書館所蔵

＊138 一九七二年八月三日付書簡、差出人は Senator Olympio T. Borja、テキサス医療センター図書館所蔵

*139 Ezaki, H, "Report of Trip to Rongelap and Utirik", DOE Open Net NV0403074

*140 Konrad Kotrady, M.D., "The Brookhaven Medical Program to Detect Radiation Effects in Marshallese People: A Comparison od the peoples' vs. the program's attitudes" https://www.osti.gov/opennet/servlets/purl/16377659-y8VIQC/16377659.pdf（二〇一四年十月十九日閲覧）

*141 一九七七年七月十三日付書簡、宛先はDr. Lee Clark、テキサス医療センター図書館所蔵

*142 Wataru W. Sutow "Successful Control of Childhood Solid Tumors with Intensive Multimodal Treatment"『日本癌治療学会誌』一三巻一号、一九七八年）四四〜四七頁

*143 藤本孟男『「寄り道、わき道、回り道」がんのこども達への思いと医学教育の四〇年』（自費出版、二〇〇一年）七頁

*144 前掲書、八頁

*145 前掲書、八頁

*146 前掲書、八頁

*147 藤本孟男「医学フォーラム　私の歩んできた道」（『京都府立医科大学雑誌』一二二巻一一号、二〇一三年十一月）七六五〜七七四頁

*148 金平榮「故Wataru W. Sutow先生の思い出」（『メディカルトリビューン』二〇〇五年一月二十日号）四八頁

*149 金平榮「血液疾患児との対話」（『医学概論　産業医科大学講義集一九八四』）九七〜一〇五頁

*150 前掲書、一〇四〜一〇五頁

*151 岡村純「なぜいま小児がん専門医制度か？」（『小児がん：小児悪性腫瘍研究会記録』四三巻一号、二〇〇六年）六頁

*152 細谷亮太『小児病棟の四季』（岩波現代文庫、二〇〇二年）二三一頁

*153 リン・ベイカー（細谷亮太訳）『君と白血病――この一日を貴重な一日に』（医学書院、一九八二年）vii頁

＊154 ストウが西村昴三氏に宛てた一九七八年三月二十九日付書簡、細谷亮太氏所蔵
＊155 細谷亮太「ドクター・ストウと「負い目」」（『暮しの手帖』六四巻四三二号、二〇一三年）九八〜九九頁
＊156 小野澤初男 'Renewal of an Old Anti-Cancer Drug -Methotrexate'（未公刊資料、二〇〇四年）三八頁
＊157 Wataru W. Sutow, *Malignant Solid Tumors in Children: A Review*, Raven Press, New York, 1981
＊158 小野澤、前掲資料、一五六頁
＊159 「西日本新聞」一九八〇年九月一日付夕刊三面
＊160 前掲記事
＊161 一九八一年三月三十一日付ストウ宛書簡二通、差出人はワシントン大生物統計学教授の Norman Breslow とフィラデルフィア小児病院小児がん研究センター所長の Giulio J. D'Angio で、いずれも同二十四日付でストウが送った書簡への返信、テキサス医療センター図書館所蔵
＊162 *Pioneers in Pediatric Oncology*, p.289
＊163 James Agee and Walker Evans, *Let Us Now Praise Famous Men*, Houghton Mifflin, Boston, 1941
＊164 Jan van Eys, "Come Let Us Praise This Famous Man", *The Cancer Bulletin*, vol.34, no.3, May-June 1982, pp.82–83
＊165 河野一郎『英語の詩』（岩波ジュニア新書、二〇〇九年）一二三頁
＊166 Jan van Eys, op.cit, p.83
＊167 「日本W・W・Sutow先生記念国際癌研究募金委員会」発起人一同による呼び掛け文書、テキサス医療センター図書館所蔵
＊168 R.Lee Clark, "Friend and Colleague", *The Cancer Bulletin*, vol.34, no.3, May-June 1982, pp.81–82
＊169 二〇一二年二月十一日付電子メール、筆者はエレン・S・ウィリアムズ
＊170 二〇一二年九月四日付電子メール、筆者はエレン・S・ウィリアムズ

# ワタル・ウォルター・ストウ（須藤彌）略年譜

| 西暦（元号） | 月日 | 出来事（日付は現地時間） |
|---|---|---|
| 一八六八年（明治元） | 六月十日 | 父、須藤彌作が福島で生まれる。本籍福島県伊達郡大田村 |
| 一八七二年（明治五） | 十一月十四日 | 母ヨシが福島で生まれる |
| 一八九四年（明治二十七） | 七月 | 日清戦争勃発 |
| 一八九七年（明治三十） | 十二月 | 北海道への集団移住に応募 |
| 一八九八年（明治三十一） | 一月二十日 | 姉ヨシエ（好枝）が生まれる。彌作の三女 |
| | 五月 | 大田村中心に約五十戸が北海道旭川・ペーパン地区へ移住 |
| 一八九九年（明治三十二） | 一月七日 | 彌作がハワイへ渡航 |
| | | 妻メアリーの父、惟永伊之吉が渡米。伊之吉は福岡県出身 |
| 一九〇四年（明治三十七） | 二月 | 日露戦争勃発 |
| 一九〇五年（明治三十八） | 八月 | 彌作がハワイから米サンフランシスコへ渡航 |
| 一九〇八年（明治四十一） | | メアリーの母チヨが渡米 |
| 一九一一年（明治四十四） | 八月 | 母ヨシと姉好枝が米サンフランシスコへ渡航 |
| 一九一二年（大正元） | 八月三十一日 | カリフォルニア州グアダルーペで誕生。彌作とヨシの長男 |
| 一九一四年（大正三） | 五月二十九日 | メアリー・ヒデオ・コレナガがコロラド州モントローズで生まれる。惟永伊之吉とチヨの長女 |
| | 七月二十九日 | 弟マサオが生まれる |

## ワタル・ウォルター・ストウ（須藤彌）略年譜

| | | |
|---|---|---|
| 一九一八年（大正七） | 十一月五日 | 姉好枝がスペイン風邪のため死去。二十歳 |
| 一九二〇年（大正九） | | グアダルーペ小学校入学 |
| 一九二七年（昭和二） | | サンタマリアユニオン高校入学 |
| 一九三〇年（昭和五） | 六月五日 | 父彌作が死去 |
| | | サンタマリアユニオン高校卒業 |
| 一九三一年（昭和六） | 一月 | スタンフォード大入学 |
| 一九三七年（昭和十二） | 九月五日 | メアリーと結婚 |
| 一九三九年（昭和十四） | | スタンフォード大で学士号取得、同医学部入学 |
| 一九四一年（昭和十六） | 十二月七日 | 日本軍がハワイ真珠湾を奇襲。日米開戦（日本時間八日） |
| 一九四二年（昭和十七） | 二月十九日 | ルーズベルト大統領が大統領行政命令九〇六六号に署名。陸軍長官に日系人強制立ち退きを命じる権限を与える |
| | 三月十八日 | 戦時転住局設置 |
| | | メアリー、母ヨシ、弟マサオがユタ州サンディの農場へ |
| | | スタンフォード大医学部を退学、シカゴの医大にいったん向からが、サンディに合流 |
| | 十月三日 | ソルトレークシティで長女オリエ・エレン誕生 |
| 一九四三年（昭和十八） | | ユタ大医学部入学 |
| 一九四五年（昭和二十） | 八月六日 | 広島に原爆投下 |
| | 九日 | 長崎に原爆投下 |

| | | |
|---|---|---|
| | 十五日 | 「終戦の詔勅」を公表（玉音放送）。日本が敗戦<br>ユタ大で医学博士号を取得<br>ソルトレーク郡総合病院でインターン |
| 一九四六年（昭和二十一） | | ソルトレーク郡総合病院でレジデント（研修医）<br>ユタ大医学部研究員（フェロー） |
| | 七月一日 | ユタ州から医師免許取得 |
| 一九四七年（昭和二十二） | 九月十四日 | 次女チヨノ・ジーン誕生 |
| | | ソルトレークシティを離れ、ロサンゼルスへ。母と弟は残る |
| | 九月二十四日 | カリフォルニア州から医師免許取得 |
| | 一〇月二十八日 | 全米科学アカデミーの医師募集に応募を希望とムラセ医師に手紙で伝える |
| | 一二月十二日—十六日 | ユタ大のアンダーソン博士ら四人が推薦状を書く |
| 一九四八年（昭和二十三） | 五月十五日 | ABCCに小児科責任者として採用 |
| | 七月 | シアトルから日本へ。広島に着任 |
| | 八月 | 長崎を訪問。長崎医大小児科の佐野保教授らと会う |
| | 秋 | グルーリック教授の長崎調査に同行 |
| | 十一月 | 妻メアリー、長女エレン、次女ジーンの三人が来日 |
| 一九四九年（昭和二十四） | 六月七日 | 米ソルトレークシティの病院で母ヨシ死去。七十六歳 |

| | | |
|---|---|---|
| 一九五〇年（昭和二十五） | 一月十六日 | 長男エドモンド・キースが大阪の病院で誕生。第三子 |
| | 六月二十五日 | 朝鮮戦争勃発 |
| | 七月十日 | ABCC離任、帰国。スタンフォード大研究員に |
| 一九五一年（昭和二十六） | 四月二十一日 | 米陸軍医療部隊に徴兵、軍医大尉として現役開始<br>テキサス州の陸軍医療センターで士官訓練 |
| | 六月十二日 | カリフォルニア州のキャンプ・ロバーツへ。外来などを担当 |
| | 九月六日 | 現役解除を要請 |
| | 九月八日 | サンフランシスコ講和条約に日本など調印 |
| | 一一月三日 | ABCCに小児科医として再任。契約は二年<br>米陸軍大尉の軍籍はそのまま |
| | 七日 | 広島で勤務開始 |
| 一九五二年（昭和二十七） | 四月二十八日 | サンフランシスコ講和条約が発効、日本が独立 |
| | 六月二十九日 | サンフランシスコで米国小児科専門医資格の口頭試問に<br>軍用機で空路参加。合格し、資格を取得 |
| 一九五三年（昭和二十八） | 三月二十七日 | 米陸軍を名誉除隊。その後ABCCと年俸一万ドルで雇用契約 |
| | 七月二十七日 | 朝鮮戦争が休戦 |
| 一九五四年（昭和二十九） | 三月一日 | 米国がマーシャル諸島・ビキニ環礁でブラボー水爆実験<br>二日後にロンゲラップ島住民が避難 |
| | 三月十九日 | ヒューストンのMDアンダーソン病院の新病院が診療開始 |

| | | |
|---|---|---|
| | 五月十八日 | ABCC離任 |
| | 六月 | テイラー医師を訪ねる。MDアンダーソン病院勤務が決定<br>テキサス大MDアンダーソン病院・がん研究所小児科准教授<br>ベイラー医大小児科臨床准教授 |
| | 十二月三日 | テキサス州から医師免許取得 |
| 一九五六年（昭和三十一） | | 南西部がん化学療法研究グループ（SWCCSG）を結成<br>後に全米最大の共同研究グループSWOGに発展する |
| 一九五七年（昭和三十二） | | SWCCSGの小児科部門の責任者に就任。六九年まで |
| | 六月 | ロンゲラップ島に住民が三年三カ月ぶりに帰還 |
| | 八月 | ブルックヘブン国立研究所（BNL）からマーシャル諸島医学調査への参加を促す手紙 |
| | 九月 | コナード博士へ書簡。病院に公休願を出し、評議員会で審議される見通しであることを伝える |
| 一九五八年（昭和三十三） | 二月 | マーシャル諸島医学調査に初めて参加する。ロンゲラップ島で子どもたちを診察、調査 |
| | 五月 | 八木日出雄・岡山大医学部長に書簡。「マーシャル諸島への旅行はとても面白く、冒険のようでした」 |
| 一九五九年（昭和三十四） | | マーシャル諸島医学調査に二回目の参加 |
| 一九六一年（昭和三十六） | | マーシャル諸島医学調査に三回目の参加 |

| | | |
|---|---|---|
| 一九六三年（昭和三十八） | 春 | マーシャル諸島医学調査に五回目の参加<br>ロンゲラップ島で十二歳女児の甲状腺に結節、翌年に切除手術<br>米公衆衛生局が小児がん研究に助成を開始（七八年まで） |
| 一九六五年（昭和四十） | | マーシャル諸島医学調査に六回目の参加<br>ロンゲラップ島でホルモン投与始まる |
| 一九六七年（昭和四十二） | | マーシャル諸島医学調査に七回目の参加 |
| 一九六八年（昭和四十三） | | マーシャル諸島医学調査に八回目の参加 |
| 一九六九年（昭和四十四） | | マーシャル諸島医学調査に九回目の参加 |
| | 五月 | 報告書「マーシャル諸島の子どもたちに及ぼすフォールアウト放射線の影響」を発表<br>MDアンダーソン小児科の准教授から教授に昇格 |
| 一九七一年（昭和四十六） | | マーシャル諸島医学調査に十回目の参加 |
| | 十二月 | ニクソン米大統領が国家がん対策法に署名、同法が成立 |
| 一九七二年（昭和四十七） | 三月 | マーシャル諸島医学調査を住民がボイコット |
| | 五月 | ミクロネシア議会に調査実施を求め書簡 |
| | 九月 | マーシャル諸島医学調査に十一回目の参加。最後の参加<br>江崎治夫・広島大教授も議会の要請で参加 |

| | | |
|---|---|---|
| 一九七三年（昭和四十八） | | 小児がんでは初めての教科書とされる *Clinical Pediatric Oncology* を編纂、出版 |
| 一九七六年（昭和五十一） | | 第十一回ヒース記念賞を受ける |
| 一九七七年（昭和五十二） | 六月 | MDアンダーソン病院から功労賞を受ける |
| | 十月 | 福岡、東京などを訪問。メトトレキサートの大量療法など小児がん化学療法について講演 |
| 一九七八年（昭和五十三） | 三月 | 聖路加国際病院小児科医長の西村昂三医師に書簡。細谷亮太医師の精勤ぶりを伝える内容 |
| | 十一月 | 東京の国立がんセンター、東北大などで講演 |
| 一九七九年（昭和五十四） | 十月 | ヤマザキ医師に、小頭症とみられる島民の存在を伝える |
| 一九八〇年（昭和五十五） | 九月 | 福岡市でインタビューを受け、西日本新聞に掲載 |
| 一九八一年（昭和五十六） | | *Malignant Solid Tumors in Children: A Review* を出版 |
| | 三月 | 手紙で研究仲間に入院治療中と伝える |
| | 十二月二十日 | 肺がんのためMDアンダーソン病院で死去。六十九歳 |

## Dr. Sutowを知る医師たちからのメッセージ（50音順）

### 本書はストウ先生の鎮魂歌

ストウ先生は戦後、広島の小児科医と交流し、米国で小児がん治療に大いに貢献しました。先生を知ると自負していた私が、本書で何百倍も多くを知るところとなりました。生涯を通じての苦労や忍耐力や努力……。本書は先生の鎮魂歌にも思えます。

元マツダ病院院長・小児科医（広島市）　井田憲明

### パイオニアが残した軌跡

子どもの成長・発達とがん治療……。寡黙で穏やかだったストウ先生の歩んだ人生がこの伝記で明らかにされる。日系人としての苦難、険しかった医師への道、被爆小児の健康調査……。パイオニアの軌跡を小児がんに関わる多くの人々に知ってほしい。

九州がんセンター臨床研究センター顧問・小児科医（福岡市）　岡村純

### 若い医師と学生に注いだ親以上の愛

日系二世のストウ先生は、全米で初めて小児がんの教科書を出版され、日本が世界に誇れる偉人の一人です。先生ご夫妻は、日本から留学中の医師や学生に親以上の愛情を注がれました。その人間愛がこの本の中にあります。

永犬丸小児科医院院長（北九州市）　金平榮《キムピョンヨン》

### 眼を開かせてくれた先生の実践

「私は能力と判断力の限りを尽くし，全力で病人の助けに当たります」（ヒポクラテスの誓い）を実践したストウ先生に師事した私は、がん臨床医としての眼を開かれた。本との出会いが人を変え、出る杭が日本を変える。医者の座右書として本書を薦める。

愛知医科大学名誉教授（愛知・長久手市）　藤本孟男

### 時宜を得た刊行

キーワード。フクシマ、二世、戦争、小児科医、ヒロシマ、ナガサキ、がん治療、マーシャル群島（核実験）、日本。最後の面授の弟子として先生の伝記の出版を心待ちにしていた。きな臭くなってきたこの節の刊行は誠に時宜を得ている。

聖路加国際病院顧問（東京・中央区）　細谷亮太

長澤克治（ながさわ・かつじ）
1960年静岡県沼津市生まれ。共同通信社記者。
83年、筑波大学第二学群比較文化学類卒業後、共同通信社入社。広島支局、水戸支局、名古屋支社を経て社会部で警視庁捜査２課、４課を担当。93～96年、広島支局で〈被爆半世紀〉を取材。2003～04年、名古屋支社編集部デスクとして〈ビキニ事件半世紀〉を取材。04～05年に広島支局デスク、〈被爆60年〉を取材。その後、警視庁キャップ、千葉支局長、科学部長、編集委員などを経て、15年７月から名古屋支社次長。
共著（分担執筆）に『21世紀アメリカ社会を知るための67章』『新時代アメリカ社会を知るための60章』（ともに明石書店）。

# 小児科医ドクター・ストウ伝
## 日系二世・原水爆・がん治療

発行日――2015年11月11日　初版第１刷

著者――長澤克治
発行者――西田裕一
発行所――株式会社平凡社
〒101-0051 東京都千代田区神田神保町3-29
電話　(03) 3230-6593［編集］
(03) 3230-6572［営業］
振替　00180-0-29639
平凡社ホームページ　http://www.heibonsha.co.jp/
装丁――工藤強勝
DTP――矢部竜二
地図――株式会社平凡社地図出版
印刷――株式会社東京印書館
製本――大口製本印刷株式会社


ISBN978-4-582-51333-2　NDC 分類番号 289.1
四六判（19.4cm）　総ページ 288